KB151244

정서
심리학

신재한 지음

박영story

머리말

정서는 우리의 생존을 증진시키기 위해 존재하는 것으로, 인간 내부에서 진행되는 일시적인 혹은 장기적인 느낌이나 감정을 의미한다. 머리 부분의 활동을 인지라고 한다면, 정서는 가슴 부분의 활동이라 할 수 있다. 즉, 기쁨, 분노, 두려움과 같은 것은 물론 두뇌 없이 진행될 수는 없지만, 주로 생리적인 반응과 직결되어 있어 가슴이나 피부로 경험하기 때문에 머리에서만 진행되는 인지활동과 대비해 볼 수 있다. 따라서, 정서는 우리 삶의 경험에 대해 일어나는 중심적 요인으로써 단일 감정으로 경험되기보다는 여러 가지 내적 상태가 혼재된 복합적이고 심층적인 영역이라 할 수 있다.

특히, 정서조절은 자신의 감정을 손상시키지 않으면서 상대방의 생각, 감정, 의도 등을 이해하여 융통성 있게 대처하는 능력으로서, 자신의 감정 상태의 강도와 지속기간을 조정하며 필요한 경우에는 자신의 감정표출을 지연하고, 또한 사회적으로 바람직한 방법으로 반응하는 능력이다. 이 조절은 자신이 경험한 부정적 정서를 바람직한 형태로 표현하거나 감소시키는 것뿐만 아니라 타인의 정서변화도 가져온다. 이러한 정서조절능력은 사회적 적응을 예측할 수 있는 중요 변인이며 정서조절수준이 낮으면 공격적 행동과 같은 문제행동, 또래관계 형성의 어려움, 정신병리적 문제를 야기할 가능성이 높다.

4차 산업혁명 인공지능 시대 미래교육에서는 정서의 중요성을 간과할 수가 없다. 이에 본 저서가 정서에 대한 기본 이해는 물론, 정서 유형, 정서 조절, 정서 이론 등을 탐독함으로써 미래 역량에 핵심이라 할 수 있는 정서를 잘 다룰 수 있는 방법을 습득하기를 기대한다.

본 저서는 1부 정서심리의 기초, 2부 정서심리의 이해, 3부 정서심리의 적용 등 크게 세 가지 부분 구성되어 있다. 먼저 1부 정서심리의 기초에서는 정서의 개념, 정서의 측정, 정서의 특징 등으로 구성되어 있고, 2부 정서

심리의 이해에서는 정서이론의 유형, 정서의 구조, 정서와 두뇌 등으로 구성되어 있으며 3부 정서심리의 적용에서는 정서 유형과 반응, 정서지능과 정서조절, 정서와 스트레스, 정서와 행복, 정서와 명상 등으로 구성되어 있다.

특히, 본 저서는 영유아, 아동 및 청소년, 대학생, 성인 등을 대상으로 생애주기별로 정서심리의 이해 및 적용을 실천할 수 있는 전문가라면 누구든지 쉽게 활용할 수 있다. 아무쪼록 본 저서가 정서심리를 이해하고 적용할 수 있는 기본 지침서가 되기를 바라는 마음이다. 끝으로 본서 출판에 도움을 주신 박영사 가족 여러분께 감사를 드린다.

2020년 2월

신재한

목차

PART 01

정서심리의 기초

CHAPTER 01 정서의 개념 ·· 3

  01 정서와 유사한 용어 ··· 3

  02 정서의 개념 ··· 6

  03 정서 개념에 대한 접근 방법 ······························ 7

CHAPTER 02 정서의 측정 ·· 12

  01 정서 측정 유형 ·· 12

  02 자기 보고식 설문 ·· 13

  03 생리적 측정 ··· 16

  04 행동 관찰 ··· 24

  05 검사도구의 타당도 및 신뢰도 ···························· 25

CHAPTER 03 정서의 특징 ·· 33

  01 정서의 속성 ··· 33

  02 정서 유발 요인 ·· 36

  03 정서의 기능 ··· 37

  04 영유아기 정서의 특징 ····································· 40

  05 아동 및 청소년기 정서의 특징 ··························· 43

PART 02
정서심리의 이해

CHAPTER **01**   정서이론의 유형 ··· 47

01 초기 이론 ··· 48

02 진화론적 이론 ·· 49

03 심리생리학적 이론 ·· 50

04 신경생리학적 이론 ·· 52

05 생물학적 이론 ·· 54

06 인지적 이론 ·· 66

07 사회문화적 이론 ·· 70

08 통합적 이론 ·· 71

CHAPTER **02**   정서의 구조 ··· 73

01 기본 구조 모형 ·· 73

02 차원 구조 모형 ·· 75

03 위계 구조 모형 ·· 78

CHAPTER **03**   정서와 두뇌 ··· 79

01 두뇌의 구조 ·· 79

02 두뇌의 구성요소 ·· 86

03 정서와 뇌과학의 관계 ·· 89

04 정서와 두뇌이론 ·· 92

목차

PART 03

정서심리의 적용

CHAPTER 01 정서 유형과 반응 ·· 99

01 유쾌-각성과 관련된 정서 유형 ······················· 100
02 유쾌-비각성과 관련된 정서 유형 ···················· 104
03 불쾌-각성과 관련된 정서 유형 ······················· 106
04 불쾌-비각성과 관련된 정서 유형 ···················· 110

CHAPTER 02 정서지능과 정서조절 ································ 112

01 정서지능 ··· 112
02 정서조절 ··· 119

CHAPTER 03 정서와 스트레스 ··································· 129

01 스트레스의 이해 ···································· 129
02 스트레스 모형 ······································· 136
03 스트레스 대처와 관리 ···························· 138

CHAPTER 04 정서와 행복 ·· 149

01 긍정 정서 ·· 149
02 행복의 개념 ··· 154
03 행복의 구성요소 ··································· 158

CHAPTER 05 정서와 명상 ……………………………………………… 170

01 명상의 역사 ………………………………………… 170

02 명상의 필요성 …………………………………… 172

03 명상의 개념 ……………………………………… 174

04 명상의 효과 ……………………………………… 176

05 명상과 뇌과학 …………………………………… 178

06 명상 실습 ………………………………………… 184

07 명상 기초 기능 ………………………………… 189

정서심리의
기초

CHAPTER 01 정서의 개념

CHAPTER 02 정서의 측정

CHAPTER 03 정서의 특징

CHAPTER 01

정서의 개념

01 정서와 유사한 용어

정서(情緒)란 생리적 각성, 표현적 행동, 그리고 사고와 감정을 포함한 의식적 경험의 혼합체다. 정서는 우리의 생존을 증진시키기 위해 존재하는 것으로, 인간 내부에서 진행되는 일시적인 혹은 장기적인 느낌이나 감정을 의미한다. 머리 부분의 활동을 인지라고 한다면, 정서는 가슴 부분의 활동이라 할 수 있다. 즉, 기쁨, 분노, 두려움과 같은 것은 물론 두뇌 없이 진행될 수는 없지만, 주로 생리적인 반응과 직결되어 있어 가슴이나 피부로 경험하기 때문에 머리에서만 진행되는 인지활동과 대비해 볼 수 있다.

특히 정서는 다양한 감정, 생각, 행동과 관련된 정신적·생리적 상태이다. 정서는 주관적 경험으로 대개 기분, 기질, 성격 등과 관련이 있다. 넓은 의미의 감정 가운데서도 급격히 생기는 일시적인 노여움·두려움·기쁨·슬픔·놀람 등으로 정의하기도 한다.

한편, 감정(感情)은 '정(情)을 느낀다(感)'는 의미이다. 영어에서 감정과 관련된 용어로는 feeling, emotion, affect, mood 등이 있다. 흔히 각각 느낌, 감정, 정서, 기분 등으로 번역되지만, 영어와 한글이 일대일로 대응하여 번역되지는 않는다. feeling은 느낌으로, mood는 기분으로 번역되는 것은 대부분 일치하지만, emotion과 affect는 서로 혼용하여 번역된다. 한국심리학회는 emotion을 정서

(情緖)로, affect를 감정(感情), 정서(情緖), 정동(情動) 등으로 번역하는 반면, 대한 의사협회는 emotion을 감정으로, affect를 정동으로 번역한다. 사실 emotion이나 affect는 같은 말이지만 정신과 용어에서 서로 구분하기 때문이다. 그리고 우리말 감정과 정서는 같은 의미이기 때문에 굳이 구별할 필요가 없다.

가. 느낌(feeling)

느낌은 감정과 감각을 포함한다. 즉, 느낌은 어떤 경험에서 비롯되는 순간적인 반응을 표현하는 것인데, 대개는 좋은 느낌인지 싫은 느낌인지 뚜렷하게 구분된다. 느낌은 감정을 수동적이고 주관적으로 경험하는 것뿐만 아니라 촉감과 같은 신체적인 감각을 능동적으로 경험(sensation)하는 것까지 포함한다. 그래서 느낌은 감정과 감각 모두를 의미한다. 감정과 감각의 개념이 명확히 분리되지 않았던 과거의 흔적이 느낌(feeling)이라는 단어에 남아 있는 것이다. 감정과 감각 개념이 분리된 것은 신경학이 발달한 최근 20세기 이후이다.

특히 현재 느낌이라는 말은 감정이나 감각 외에도 훨씬 많은 의미로 사용된다. 우리는 이미 경험한 것뿐만 아니라 앞으로 있을 경험에 대해서도 느낌을 가질 수 있다. "이번 일은 느낌이 안 좋아"라는 표현에서 느낌은 앞을 내다보는 주관적인 예측이다.

나. 정서(emotion)

일반적으로 외적 자극이나 내적 상념(想念)에 관련되어 느껴지는 쾌·불쾌의 상태를 감정이라 부르는데, 이 감정의 분화된 상태를 정서라고 한다.

특히 정서는 비교적 심한 생리적 반응을 수반하며, 흔히 나타나는 생리적 반응으로는 급격한 심장고동의 증진, 근육긴장 등이 있다. 정서의 예로는 공포, 환희, 분노 등을 들 수 있다.

한편, emotion이란 말 자체는 일종의 운동(motion)으로, 밖으로(e−, out) 향하는 운동을 의미한다. 즉, 정서(emotion)는 감정이 밖으로 드러나는 운동(motion)인 것이다. 즉, 인간의 정서는 필연적으로 행동이나 동기(충동)를 유발한다는 것을 쉽게 경험할 수 있다. 예를 들면 공포는 '도피하라'는 행동을 유발하고, 배고픔은 '먹어라'는 동기(충동)을 동반한다. 행동이나 동기(충동)는 정서로부터 온다(motion comes from emotion)라는 말이 있는 것처럼, 행동과 정서, 동기

(충동)와 정서는 긴밀하게 상호작용한다.

그러나 동기(충동)는 목표가 달성될 때까지 지속되지만, 정서는 보통 시간이 지나면서 급속히 약해진다. 그리고 동기(충동)는 음식이 필요하기 때문에 배가 고프듯이 신체의 내부적 요구를 반영하는 반면에, 정서는 대부분 자기 신체 내부가 아니라 도로에서 누군가가 앞지르기를 하면 화가 나듯이 외부 자극에 대한 반응이다.

다. 정동(affect)

정동은 접촉해서 흔적을 남긴다는 의미의 라틴어 affectus에서 나온 말인데, 정신과에서는 다른 사람에 의해서 객관적으로 관찰 가능한 감정 상태를 의미한다. 그래서 움직임을 의미하는 한자 動을 사용해서 情動(정동)이라고 한다. 우리가 느끼는 정서는 얼굴 표정, 말, 행동 등 항상 밖으로 표현되어 나타나기 때문에, 객관적으로 드러난 감정이라 할 수 있다. 즉, 자기 자신의 정서는 스스로 느끼지만 타인의 정서는 느끼지 못하고 얼굴 표정이나 말, 또는 행동을 통해서 추론할 수 있다. 이러한 추론 과정은 의식적인 과정뿐만 아니라 무의식적인 과정까지 포함한다.

따라서, 외부 관찰자는 추론을 통해 당사자가 느낀다고 말하는 감정 상태보다 더 정확하게 그 당사자의 감정 상태를 평가할 수도 있다. 예를 들면 어떤 사람이 사실은 두렵거나 질투가 나거나 이 감정들이 모두 혼합된 상태일 수 있지만, 본인은 화가 난 것이라고 느끼는 것처럼, 자신이 화가 났다고 말할 때 실제로는 그렇지 않을 수도 있다. 특히 정신 질환이 있는 경우는 자신의 감정 상태를 알기가 어렵다. 이처럼 정동(affect)이라는 말은 객관적으로 드러난 감정을 말하기 때문에 정신과에서 많이 사용하는 용어이고, 일상에서는 정서(emotion)와 거의 같은 의미로 사용한다.

라. 기분(mood)

정서는 외부 자극에 대한 단기적인 반응인데, 특별한 외부 자극이 없는데도 장기간 행복해하거나 슬퍼하는 것처럼 보이는 사람들이 있다. 이렇게 오랫동안 지속되는 경향성은 정서와는 다른 범주로, 기분(mood) 또는 기질(temperament)이라고 한다.

예를 들면, 돌부리에 걸려 넘어져 느꼈던 화나는 감정은 오래가지 않아 사라지는 것처럼, 정서는 시간이 지나면서 약해진다. 그러나 기분은 금방 사라지는 정서와는 달리, 좀 더 긴 시간 동안, 적어도 몇 시간에서 며칠 단위로 지속되거나 같은 감정이 반복해서 나타나는 정신 상태이다. "나는 오늘 기분이 좋지 않다"라고 말할 때의 기분이 그런 의미이다.

특히 기분은 불쾌한(unpleasant) 기분·정상적(normal) 기분, 유쾌한(pleasant) 기분으로 구분되는데, 불쾌한 기분이나 유쾌한 기분 자체가 비정상적인 것은 아니므로, normal은 '정상적'이라는 말 대신 '중립적' 기분이라고 하는 것이 더 정확한 표현이다.

02 정서의 개념

정서(情緖)는 인간의 미묘한 심리 상태를 설명하기에는 관련된 이론 및 경험적 근거가 충분하지 않고 학자들마다 제시하는 견해가 다양하기 때문에, 정서에 대한 정의가 명확하지 않다. 즉, 정서는 복잡하고 다양한 인간의 심리 상태(송인혜 외, 2008)를 포괄하는 광의의 개념으로 바라보아야 한다.

그럼에도 불구하고 정서의 개념을 정의하고 밝히려는 시도는 계속되고 있다. Plutchik(1982)에 의하면 정서는 자극에 대한 추론된 복잡한 반응들의 연쇄로서 인지적 평가, 주관적 변화, 자율신경계 및 신경세포의 각성, 행위 충동성, 복합적인 연쇄를 유발시킨 자극에 영향을 주도록 고안된 행동을 포함하는 것으로 정의하고 있다. 또한, Keltner와 Shiota(2003)에 의하면 정서는 현재 상황에 대한 적합성 제고와 환경 조성을 촉진시키기 위해 일시적으로 생리, 인지, 주관적 경험 및 행동 채널을 통합하는 외적 자극 사건에 대한 보편적이고 기능적인 반응으로 밝히고 있다.

위의 정의에서 알 수 있듯이, 과거에 정서는 부정적이고 좋지 않은 나쁜 것으로 인식하였지만, 과거 수많은 세대에 걸쳐서 정서를 경험하는 사람들이 생존하고 재생산할 수 있었다는 진화론적 관점에서 바라보면 정서의 '기능적' 유용성과 필요성을 강조할 수 있다. 예를 들면 곰을 보고 '공포'라는 정서를 느끼지 못한다면 우리의 행동은 도피하려고 노력하지 않고 그냥 곰에게 잡혀 먹힐 수 있다. 이와 같이, 정서는 다양한 상황들에서 빠르고 효과적인 행동으로 유도할 수 있다는 점에서 매우 유용하다고 볼 수 있다.

다음으로 모든 정서는 일어난 특정 사건이나 상황 즉, 자극에 대한 반응의 결과로 나타난다. 따라서, 정서는 특정 사건이나 상황에 대한 인지적 평가 즉, 특정 사건이나 상황이 무엇을 의미하는지에 대한 해석에 의존한다(민경환 외, 2015). 예를 들면 누군가 다쳤다는 말을 들었을 때 여러분이 느끼는 아픔의 정도는 그 사람에 대해 여러분이 얼마나 가깝게 느끼는가에 기반을 두고 있다 (Lazarus, 2001).

그러나, 성적 각성 등 상황에 대한 인지적 평가나 의식적 해석 없이 정서를 느낄 수 있고(Berkowitz & Harmon-Jones, 2004; Parkinson, 2007), 생리적인 이유로 심장이 더 빨리 뛰고 호흡이 힘들어질 수 있기 때문에, 자신도 모르게 놀라거나 공황 상태의 정서도 느낄 수 있다.

끝으로 정서에 대한 개념은 정서적 상태가 인지, 느낌, 주관적 변화, 생리적 변화, 행동 변화 등의 측면을 모두 포함하고 있다.

지금까지 살펴본 바와 같이, 정서는 우리 삶의 경험에 대해 일어나는 중심적 요인으로써 단일 감정으로 경험되기보다는 여러 가지 내적 상태가 혼재된 복합적이고 심층적인 영역이라 할 수 있다(Plutchik, 2003).

03 정서 개념에 대한 접근 방법

정서 개념에 대한 접근 방법은 원형적 접근 방법(prototype approach)과 다차원적 접근 방법(multi-dimensional approach)으로 구분할 수 있다.

가. 원형적 접근 방법

먼저 Rosch(1987)는 정서의 원형을 탐색하기 위해 정서의 위계적 구조를 수

평적 차원과 수직적 차원으로 범주화하는 원형적 접근 방법으로 정서를 정의하였다. 수직적 차원은 하위 수준(부엌의자), 중간 수준(의자), 상위 수준(가구)의 세 단계 수준으로 분류하고 중간 수준을 기본 수준으로 바라보는 원형 분석으로 정서를 정의하였다. 이와 달리, 수평적 차원은 동등한 수준의 범주화가 이루어지지만 경계는 불분명하다. 즉 명확한 기준에 의해 구분되기 보다는 가장 특징적이고 대표적인 이미지인 원형에 의해 가장 잘 묘사될 수 있기 때문에, 원형적인 속성을 가진 대상은 그렇지 않은 대상보다 신속하게 하나의 범주로 분류될 수 있다(Rosch, Simpson, & Miller, 1976).

따라서, 정서의 원형적 접근 방법은 기본적인 범주의 개념을 수평적 차원에서 적용시킨 것으로서, 원형 이론에서 가장 보편적인 범주가 기본 수준의 범주라고 할 수 있다. 예를 들면 새를 제비, 종달새, 펭귄 등과 같이 분류하였을 경우, 펭귄보다는 종달새가 보다 기본 수준인 원형에 가깝다고 할 수 있다.

이와 같이, 특정 정서는 다른 정서에 비해 더 기본 수준인 원형에 가까운 정서가 있다는 접근 방법이 원형적 접근 방법이다. 예를 들면 분노는 원통함보다 원형에 더 가까운 정서적 속성을 가지고 있고 공포는 불안보다 원형에 더 가까운 정서적 속성을 가지고 있다(Averill, 1994). 즉, 행복, 분노, 슬픔은 존경, 지루함, 고요함보다 정서를 보다 잘 표현해 준다는 점에서 정서를 대표하는 원형이라 할 수 있다(Averill, 2012).

한편, 정서의 원형은 미국, 중국, 이탈리아 등에서 연구한 정서 상태의 유사성과 차이점에서도 알 수 있듯이, 다른 문화의 정서적 범주를 비교하는 데에도 매우 유용하다(Shaver et al, 1987). 이러한 연구 결과는 각각의 정서 상태의 군은 원형의 중심핵을 가지고 있으면서 원형에는 공포, 분노, 기쁨 등의 정서가 포함되어 있기 때문에, 하나의 정서군과 다른 정서군과는 공유하는 속성에서 차이가 있을 수 있다고 주장한 Kagan(1984)의 연구 결과와 일치한다.

그러나, 기본적인 인간의 정서를 설명하기 위해 얼마나 많은 원형이 필요한지 실제로는 알 수 없고, 지나치게 원형적 정서나 기본 정서에만 집중하기 때문에, 나머지 원형 밖에 있는 비원형적 정서에는 관심을 두지 않아 정서의 개념을 제대로 이해하는 데에는 한계가 있다(민경환 외, 2015).

나. 다차원적 접근 방법

정서는 주관적, 생물학적, 목적 지향적, 사회적이기 때문에 하나의 차원이 아니라 다차원적인 구성 개념을 가지고 있다고 보는 접근 방법이다. 즉, 정서는 특정 사건에 대해 개인마다 특정 방식으로 느끼는 주관적인 속성을 가지고 있고 신체 기관을 활성화시킴으로서 상황에 효율적으로 대처하도록 준비하는 생물학적 또는 생리적 속성도 가지고 있다. 이와 더불어, 생존 가능성을 높여주는 목적 지향적 또는 기능적 속성뿐만 아니라 타인에게 자신의 정서 상태를 얼굴 표정이나 신체적 신호로 전달하고, 이러한 신호로부터 타인의 정서 상태를 추론할 수 있는 사회적 또는 표현적 속성도 가지고 있다(민경환 외, 2015).

특히 정서 개념에 대한 다차원적 접근 방법을 정리하면 <표 1>과 같다(Reeve, 2014). 즉, 정서를 하나의 차원이 아니라, 다차원적 접근 방법으로 바라보면 웃고 있다고 해서 반드시 기쁨의 정서를 경험하고 있는 것은 아니기 때문에 느낌이나 얼굴 표정이 곧 정서와 동의어가 될 수 없다(Russel, 1995). 따라서, 정서의 다차원적 접근 방법은 하나의 차원에서 나타나는 정서 반응, 느낌 등을 정서로 간주할 수 없다는 관점이다.

❖ 〈표 1〉 정서 개념에 대한 다차원적 접근 방법

차원	정서의 기여 측면	표출
주관적·인지적	느낌, 현상론적 지각	자기보고
생물학적·생리적	각성, 신체적 준비, 운동 반응	뇌 회로, 자율신경계, 호르몬계의 활성화
기능적·목적지향적	동기, 목표지향적 욕구	상황에 적절한 대응 방식의 선택
표현적·사회적	의사소통	얼굴 표정, 몸짓, 음성

또한, 정서의 다차원적 접근 방법에서 각각 4가지 차원은 각기 상이한 정서의 특성을 강조하면서도 4가지 정서적 경험을 통합하는 하나의 심리적 구성 요인을 강조한다(Reeve, 2014). 즉, 정서 그 자체는 실제로 존재하지 않는 것이며 어떠한 상황이 한 개인으로 하여금 느끼고 지향하는 바와 같이 일치하는 방식으

로 표현을 하고 행동을 하게 만드는 것이기 때문에, 다차원적인 정서 체계가 동시 발생적으로 존재한다고 볼 수 있다(LeDoux, 1989).

지금까지 살펴본 바와 같이 정서의 원형적 접근 방법은 공포, 분노, 기쁨 등과 같은 구체적인 정서 원형에 초점을 두어 정서의 개념을 정의한 반면에, 다차원적 접근 방법에서는 정서를 실제로 존재하는 실체가 아니라 다차원적 접근 방법의 4가지 구성요소 중에서 어떤 구성요소를 강조하느냐에 따라서 정서에 대한 개념이 달라질 수밖에 없다고 주장한다.

먼저 인지적 차원과 주관적 차원을 강조한 Lazarus(1991)에 의하면 정서는 전반적 평가, 행동 경향성, 심리적 반응 양상, 주관적 경험 등을 포함하고 인지적 평가 이후에 연쇄적으로 일어나는 대처 과정으로 간주하고 있다.

다음으로 생물학적 차원을 강조한 James(1984)에 의하면 정서는 자극적인 사건을 지각하자마자 신체적 변화가 나타나기 때문에 이러한 신체 변화에 대한 느낌으로 정의하였고, 생리학적 차원을 강조한 Cannon(1916)에 의하면 정서는 신체적 기제, 즉 내장과 내분비계의 변화를 수반하는 유전적으로 정형화된 반응으로 정의하면서 정서 유발에서 두뇌 역할의 중요성에 관심을 갖게 되었다.

또한, 기능적 차원과 목적 지향적 차원을 강조한 Plutchik(1980)에 의하면 정서는 인간이 환경에 잘 순응할 수 있도록 행동을 준비시키는 '내적 동기인'으로 정의하여 정서가 모든 동물의 기본적인 생존 기제로서 작용하고 있다는 점을 강조하였다. Cassidy와 Shaver(2002)는 정서를 환경 평가에서 추론된 준비도인 행동 경향으로 정의하여 정서를 행동에 대한 '준비도의 형태'라는 점을 강조하였다.

끝으로 사회적 차원과 표현적 차원을 강조한 Frijda(1986)에 의하면 정서는 환경과 관계를 설정, 유지, 해체하려는 '경향성'으로 정의하면서 주변 환경이나 사람들과의 상호작용을 강조하였다.

최근에는 정서의 개념을 한 가지 차원으로 보는 것이 아니라, 다차원적 접근 방법으로 4가지 차원을 통합하려는 경향이 많다. 예를 들어 누군가에게 좋아한다고 말로 표현한다고 해서 좋아하는 정서를 경험한다고 볼 수 없다. 즉, 좋아하는 정서는 누군가를 좋아하는 사실을 인지적으로 지각하고 신체적 접촉을 통해 좋아하는 감정의 자극을 받으며 좋아하는 사람에게 선물을 주는 방식으로 행동하는 것을 포함하는 개념이다.

특히 Parrott(2001)에 의하면 정서를 인지적, 신체적, 행동적 증상으로 뚜렷하게 표현되는 지속적인 마음의 상태로 정의하면서 정서의 인지적, 생리적, 표현적 차원을 통합하려는 시도이다. 또한, Kleinginna와 Kleinginna(1981)에 의하면 정서는 신경/호르몬계에 의해 중재되는 주관적, 객관적 요인들의 복잡한 상호작용으로서, 가성이나 쾌/불쾌의 감정 등과 같은 정서적 경험을 유발하고 정서와 관련된 지각, 평가, 명명 과정 등과 같은 인지적 과정을 유발하며 각성 상황에 대한 광범위한 생리적 적응을 활성화하고 표현적, 목적 지향적, 적응적 행동을 유도할 수 있다고 주장하였다.

결론적으로 말하자면 정서의 개념을 제대로 이해하기 위해서는 4가지 경험적 측면을 어떻게 통합하느냐가 매우 중요하다(민경환 외, 2015).

CHAPTER
02

정서의 측정

01 정서 측정 유형

정서를 측정하는 방법은 크게 자기 보고, 생리적 측정, 행동 관찰 등 <표 2>와 같이 구분할 수 있다.

❤ 〈표 2〉 정서 측정 방법

구분	개념	특징
자기 보고	자신의 정서적 느낌에 대한 참여자의 기술	• 자신의 인지, 행동, 정서의 다른 양상 보고
생리적 측정	교감 신경계 및 부교감 신경계의 활성도	• 혈압, 심장 박동, 땀, 정서적 각성 동안 변동하는 다른 변인들의 측정치
행동 관찰	객관적인 관찰자가 행동을 평가	• 안면 표정, 음성 표현, 도주 또는 공격을 포함하여 관찰할 수 있는 모든 행동 포함

02 자기 보고식 설문

가. 정서 인식 및 표현 검사

정서 인식 및 정서 표현을 측정하는 도구로서, Penza-Clyve와 Zeman(202) 가 개발한 EESC를 사용하였다. EESC는 9-12세까지 아동을 대상으로 적용되며 명확한 정서 인식과 표현의 2가지 측면을 측정하기 위한 자기-보고형 척도로 서 정서 인식의 부족요인 8개 문항(3, 5, 8, 9, 10, 1, 14, 15문항)과 정서 표현의 부 족 8개 문항(1, 2, 4, 6, 7, 12, 13, 16문항)으로 5점 평정식 총16문항으로 구성되어 있다. 총 점수가 높을수록 정서를 인식하고 표현하는데 어려움을 겪고 있음을 나타낸다.

✪ 〈표 3〉 자기 보고식 정서 인식 및 정서 표현 검사도구

구분	문항	전혀 그렇지 않다	아주 조금 그렇다	가끔 그렇다	대부분 그렇다	거의 항상 그렇다
1	나는 내 감정을 감추는 것을 좋아한다.					
2	나는 내가 어떻게 느끼는지 말하는 것을 좋아하 지 않는다.					
3	나쁜 일이 생겼을 때, 나는 폭발할 것 같은 기 분이다.					
4	나는 다른 사람들의 감정이 다치지 않도록 내가 어떻게 느끼는지 보여주지 않는다.					
5	나는 해결할 수 없는 감정들이 있다.					
6	나는 대체로 사람들이 나에게 먼저 말을 걸 때 까지 그들과 말하지 않는다.					
7	내가 화가 났을 때, 나는 그것을 보여 주는 것 이 두렵다.					
8	내가 화가 났을 때, 나는 그것에 대해 어떻게 말해야 할지 모르겠다.					
9	나는 종종 내가 어떻게 느끼고 있는지 모른다.					
10	사람들은 내가 내 감정에 대해 더 자주 말해야 한다고 말한다.					

구분	문항	전혀 그렇지 않다	아주 조금 그렇다	가끔 그렇다	대부분 그렇다	거의 항상 그렇다
11	가끔 내가 어떻게 느끼는지 설명할 단어가 없다.					
12	내가 슬플 때, 그것을 보여주지 않으려고 노력한다.					
13	당신이 진정으로 어떻게 느끼는지 보여줄 때, 다른 사람은 그것을 좋아하지 않는다.					
14	나는 내 감정을 보여줘야 한다는 것을 알지만, 너무 힘들다.					
15	나는 내가 화가 난 이유를 종종 잘 모른다.					
16	나는 어떤 사람들에 대해 어떻게 느끼는지 보여주는 것이 힘들다.					

나. 감정표현 불능증 검사

Bagby(1994)가 개발한 TAS-20은 5점 평정식 총 20문항의 자기보고식 검사이며, 5개의 역문항(4, 5, 10, 18, 19)을 포함한다. 이 척도의 하위요인에서 요인 1은 정서를 확인하고 정서와 정서 각성에 대한 신체 감각 간을 구별하는 능력을 측정하며 7문항(1, 3, 6, 7, 9, 13, 14문항)이다. 요인 2는 정서를 타인과 의사소통하는 능력을 측정하고 5문항(2, 4, 1, 12, 17문항)이다. 요인 3은 외적으로 지향된 사고를 측정하고 8문항(5, 8, 10, 15, 16, 18, 19, 20문항)이다. TAS-20 전체에 대한 Cronbach α 계수는 .76으로 내적 일관성을 받아들일 수 있는 수준임을 보인다. TAS-20의 총점은 각 문항의 점수를 합한 점수로서 총점이 높을수록 감정표현 불능임을 의미한다. 선행연구(Shibata, Ninomiya, Jensen, et al, 2014)에 의하면, 감정표현 불능지수가 61점 이상의 집단은 감정표현 불능집단이며, 비감정표현 불능집단에서 다시 세 하위유형으로 분류하여 51점에서 60점은 높은 수준의 감정표현 불능을 보이는 정상집단, 4점에서 50점은 중간 수준의 감정표현 불능을 보이는 정상집단, 4점 미만은 낮은 수준의 감정표현 불능을 보이는 정상집단으로 해석할 수 있다.

✅ 〈표 4〉 자기 보고식 감정표현 불능증 검사도구

구분	문항	전혀 그렇지 않다	아주 조금 그렇다	가끔 그렇다	대부분 그렇다	거의 항상 그렇다
1	지금의 감정 상태가 어떤지 잘 모를 때가 있다.					
2	나의 감정을 적절한 말로 표현하기 힘들 때가 있다.					
3	의사도 이해하기 힘든 뭔가(감각)를 몸에 느끼고 있다.					
4	나의 감정을 남에게 손쉽게 표현할 수 있다.					
5	나는 어떤 문제를 단순히 논리적으로 설명하는 것보다는 그 문제의 이유를 이해하려고 노력하는 편이다.					
6	몹시 속이 상했을 때 자신이 슬픈건지 놀란건지 화난건지를 잘 모를 때가 있다.					
7	자신의 몸에 이상한 감각이 느껴져서 당황할 때가 종종 있다.					
8	무슨 일이 일어났을 때 왜 그렇게 되었는지 알아보기 보다는 그냥 가만히 놓아두는 편이다.					
9	뭐라고 표현해야 할지 모를 느낌(감정)을 느끼고 있다.					
10	감정을 느낀다는 것이 매우 중요하다고 생각한다.					
11	다른 사람에 대한 나의 감정을 설명해내기가 어렵다.					
12	다른 사람들이 나에게 감정표현을 더 많이 하라고 권한다.					
13	내 마음 속이 어떻게 되어가고 있는지 잘 모르겠다.					
14	내가 왜 화가 났는지 잘 모를 때가 종종 있다.					
15	다른 사람들의 어떤 느낌보다는 그들의 일상적인 활동에 관하여 이야기하는 것을 더 좋아한다.					
16	나는 심각한 드라마보다는 가벼운 오락영화를 더 좋아한다.					
17	나의 속마음을 친한 친구에게조차도 말하기가 어렵다.					

구분	문항	전혀 그렇지 않다	아주 조금 그렇다	가끔 그렇다	대부분 그렇다	거의 항상 그렇다
18	서로 아무런 말을 주고받지 않아도 친밀감을 느낄 수 있다.					
19	자기 자신의 문제를 해결할 때 내 감정을 되새겨 보는 것이 도움이 된다고 느낀다.					
20	영화나 연극의 숨겨진 의미를 생각하면 재미가 없어진다.					

03 생리적 측정

가. 뇌파 검사

뇌파는 뇌 활동의 지표 혹은 뇌 세포의 커뮤니케이션 상태를 나타낸다(박만상·윤종수, 1999). 뇌파(Brain waves)는 뇌에서 발생하는 0.1~80Hz에 걸친 넓은 저주파 영역을 포함한 작은 파동 현상으로 두피로부터 대뇌피질의 신경세포군에서 발생한 미세한 전기적 파동을 체외로 도출하고 이를 증폭해서 전위를 종축으로 하고 시간을 횡축으로 해서 기록한 것이다(김대식, 최창욱, 2001).

뇌파는 뇌 세포 간에 정보를 교환할 때 발생하는 전기적 신호로 뇌전도(electro encephalogram: EEG)라고도 하는데, 뇌의 활동 상태와 활성 상태를 보여주는 중요한 정보를 가지고 있으며 의식 상태와 정신 활동에 따라 변하는 특정한 패턴이 있다. 이러한 뇌파는 '뇌전위'라고도 불리며 뇌신경 세포의 활동에 수반되어 생성되는 미세한 전기적 변화를 머리 표면에서 전극을 부착하여 유도하고 이를 증폭시켜 전위차를 기록한 것이다.

한편, 두뇌의 모든 정보 전달은 뉴런에 의해 일어난다. 뉴런과 뉴런 사이의 정보를 서로 주고받는 접합부위를 시냅스라 하며 시냅스 전까지는 전기적 신호로, 시냅스 간 정보전달은 신경전달물질이라는 화학물질을 통해 시냅스 후부터 다시 전기적 신호로 전달된다(좌성민, 2011). 인간의 사고와 행동은 대뇌의 기능에 의해 조절되고 대뇌의 기능은 많은 뇌 신경세포들의 활동에 달려 있으며 이러한 뇌 신경세포들의 활동은 뇌파(EEG)의 형태로 나타난다. 뇌파는 대뇌피질의 신경세포군에서 발생한 뇌 전기 활동의 총화를 체외로 도출하고 이를 증폭해서 전위를 종축으로 시간을 횡축으로 해서 두피상에서 기록한 것이다. 일반적으로 뇌파라 하면 두피 전극에서 포착된 두피뇌파(scalp EEG)를 말하며 뇌파측정은 객관적, 비침습적, 연속적으로 간단하게 대뇌기능을 평가할 수 있는 뇌생리학적 연구방법이다. 뇌파를 검사한다는 것은 뇌의 활동수준을 객관적인 지표로 나타내어 뇌의 활동성이 높아지는지 약해지는지를 공간적·시간적으로 파악하는 것을 의미한다. 그래서 사람과 사람 사이의 생각이나 감정을 전달할 수 있는 '정신에너지'가 존재한다고 확신하고, 이 정신에너지를 움직이는 힘의 본질을 탐구하기 위하여 Hans Berger에 의해 개발되어 뇌파를 이용하고 있다.

일반적으로 뇌파는 주파수 대역에 따라 델타파(δ, 0.5~4Hz), 세타파(θ, 4~8Hz), 알파파(α, 8~13Hz), 베타파(β, 13~30Hz), 감마파(γ, 30~50Hz)로 분류되며, 베타파를 SMR파(12~15Hz, 낮은 베타파), M－베타파(15~20Hz, 중간 베타파), H－베타파(20~30Hz, 높은 베타파)로 세분화하여 연구하였다. 또한 알파파를 기준으로 해서 8Hz 미만을 서파(slow wave), 13Hz 이상을 속파(fast wave)라고 구분한다(윤종수, 1999). 뇌파에 의해 연구되어 온 자발뇌파는 일반적 생리현상에서 감각 등 뇌 활동으로 나타나며, 유발뇌파는 뇌 활동 상태를 알아보기 위해 인위적으로 뇌 활동을 유도하여 관찰할 수 있다.

특히 인간의 뇌파는 신체적 또는 정신적 자극에 의해서 긴장도가 높아지면 β파 상태가 되고 이완이 되며 α파 출현이 많아지면서 얕은 수면 시와 숙면 시에는 θ파와 δ파가 출현하는 것으로 알려져 있다(김대식·최장욱, 2001).

델타(δ)파는 최고 100~200㎶의 큰 진폭과 0.5~3.5Hz 정도의 적은 주파수를 보이는 파형으로 정상인이 깊은 수면을 하고 있을 때 대개 나타난다(류분순, 2008). 특히 두뇌기능이 완전히 이완된 깊은 수면 상태에서 우세하게 나타나는 뇌파로서, 정상 성인의 경우 각성 시에 델타파가 나타나면 뇌종양, 뇌염 등의 병적 요인의 판단 근거가 되기도 한다. 특히 전방 전두부에서는 안구운동 등의 영향을 받기 때문에 델타파의 활성이 높게 나타난다(좌성민, 2011).

세타(θ)파는 정서안정 또는 수면으로 이어지는 과정에서 주로 나타나는 뇌파로 성인보다는 아동에게 더 많이 분포한다. 주파수는 4~7Hz정도로 α파보다 느린 파형을 나타내며 진폭은 20~100μV까지 다양하지만 대략 30μV 이하로 나타난다. 세타(θ)파는 '깨어있음(awareness)의 확장' 경험을 증가시키며 기억력, 초능력, 창의력, 집중력, 불안해소 등 다양한 심리 상태와 관련되어 있다. 심리적인 변화와 연관이 많은 파형으로 그 비율의 증가는 무의식적인 자료를 다시 기억하거나 재경험하며, 자신에 대한 자각과 통찰을 발견하는 경험을 할 수 있다(류분순, 2008). 특히 세타(theta)파는 일반적으로 몸과 의식이 몽롱한 상태나 졸림과 깨어있음의 중간 상태 정도를 의미한다. 세타파 상태에서는 꿈과 같은 이미지를 동반하고 그 이미지는 생생한 기억으로 경험되기도 한다. 각성 시에 나타나는 세타파는 주의 각성을 시켜 문제해결의 아이디어를 제공하기도 하고 창조적인 힘으로 연결되기도 하며, 시간과 공간의 제한을 뛰어넘는 영역으로 들어가 번뜩임이나 영감(inspiration)으로 발생하기도 한다(좌성민, 2011). 또한 세타파는 깊이 내면화되고 조용한 상태의 육체, 감정 및 사고 활동과 관련된다(Hutchison, 1996).

알파(α)파는 8~13Hz 정도의 작은 주파수와 30~50μV의 진폭을 보이는 파형으로 뇌파의 기본이 되고 기본과 기초율동 등으로 표현된다. 긴장이완과 같은 편안한 상태에서 주로 나타나며 안정되고 편안한 상태일수록 진폭이 증가한다. 특히 안정된 알파(α)파가 나타나는 때는 눈을 감고 진정한 상태에 있을 때이며 눈을 뜨고 물체를 주시하거나 정신적으로 흥분하게 되는 때는 알파(α)파가 억제된다(류분순, 2008). 특히 알파파(alpha)는 신경생리학적으로 두뇌의 안정 상태를 반영하는 기본파이며 잡파의 영향을 적게 받으므로 전통적으로 인간 행동에 대한 두뇌 좌·우반구의 기능 상태를 판정하는 데 이용되어 왔다(Butler, 1991). 또한 알파파는 정신 및 육체적 긴장이 이완되어 스트레스가 해소되고 집중력과 기억력 향상과 관련이 있으며(Cowan, & Allen, 2000) 알파파는 의식과 무의식을 연결하는 다리로 알파파가 나타나지 않으면 잠재의식이 사라지기 때문에 사전에 경험한 기억이 아무리 생생하고 의미가 있어도 회상을 하기 힘들다고 하였다(Anna, 1995).

베타파는 13~30Hz 대역의 뇌파로 각성 상태, 활동 상태, 스트레스 상태에서 나타나며 청각, 촉각, 정서적 자극에 의해서도 영향을 받는다. 베타파는 정상적으로 전두엽에서 잘 기록되며 주의를 집중하여 정신 활동을 할 때 뇌 전체에서 광범위하게 나타난다. 또한, 베타(β)파는 높은 각성, 집중, 노력, 긴장 등의 상태일 때 자주 나타나기 때문에, 초점화된 주의력과 관련되어 있다. 또한 베타(β)파는 불안과 같은 긴장 상태와도 관련이 있으며 청각, 촉각, 그리고 정서적 자극에 의해서도 영향을 받는다. 정신집중을 하는 등의 정신 활동을 수반할 때 활성화되는 파형으로 정상인에게 주의를 요하는 과제를 제시하면 알파(α)의 억제 현상으로 설명되는 뇌파의 변화가 생겨 베타(β)파의 활성이 나타난다(류분순, 2008).

특히 베타파는 SMR파, M−Beta파, H−Beta파로 구분하기도 한다. SMR파는 12~15Hz 대역의 뇌파로 감각운동 피질(sensory moter cortex)부분에서 주로 나타나며 각성 준비 상태 또는 운동계의 대기 상태로 주의집중과 관련이 있다(Sterman, 1977). 중간 베타(M−Beta)파는 16~20Hz 대역의 뇌파를 말하며 의식 활동이나 정신 활동 학습에 몰두할 때 우세하게 발현하며, 높은 베타(H−Beta)파는 21~30Hz 대역으로 긴장이나 흥분 상태 혹은 스트레스 상태에서 나타난다.

감마파(gamma)는 30~50Hz 대역으로 외적 의식으로 불안, 흥분의 강한 스트레스 상태에서 전두엽과 두정엽에서 비교적 많이 발생하는 뇌파이다. 또한 감마파는 초월적 마음 상태 또는 이완으로 벗어나서 새로운 의식 상태, 신경자원(neural resources)을 활성화시켜 총동원할 때, 즉 정신적으로 총력 집중할 때 발생하는 특징적인 뇌파이기도 하다(좌성민, 2011).

지금까지 살펴본 뇌파 유형 및 특징을 정리하면 <표 5>와 같이 정리할 수 있다(고병진, 2010).

✅ 〈표 5〉 뇌파의 유형 및 특징

구분	특징
Delta wave	• 출현부위는 일정하지 않고 불규칙한 서파 • 나이와 상관없이 숙면 중에 나타남 • 성인의 각성시 나타나면 뇌종양, 뇌염 등 병적요인 판단 근거
Theta wave	• 출현부위는 후두부와 측두부에서 기록되며, 10-50㎶ 정도 진폭으로 규칙적인 서파 • 일반적으로 졸리거나 깊은 명상시 발생 • 무의식 및 창의력의 영역 • 주의각성을 시켜 문제해결의 아이디어를 제공하고 창조적인 힘으로 연결 • 번쩍임이나 영감(inspiration)이 발생

구분	특징
Alpha wave	• 정상성인의 안정, 각성, 폐안 상태의 뇌파 중, 가장 주체가 되는 율동파(배경파) • 출현부위는 두정엽과 후두엽에서 잘 기록 • 긴장이완이나 편안한 상태일 때, 눈을 감았을 때, 집중할 때나 창의적인 사고를 할 때 발생 • 명상 상태에 들어가기 위한 전 전계, 학습을 위한 주의력 형성의 전 단계로 준비 상태 의미
Beta wave	• 일상생활 중 나타나 '활동뇌파'라고도 함. 의사결정, 논리적 추론, 문제해결 등과 관련된 뇌파 • 정상적으로 전두부에서 잘 기록되고, 긴장 및 집중되는 정신 활동 시 뇌 전체에서 광범위하게 나타남
Gamma wave	• 외적 의식으로 불안, 흥분의 강한 스트레스 상태에서 전두엽과 두정엽에서 비교적 많이 발생 • 초월적 마음 상태 또는 이완으로 벗어난 새로운 의식 상태, 신경자원(neural resources)을 활성화시켜 총동원할 때 정신적으로 총력 집중할 때 발생하는 특징적인 뇌파

김대식과 최창욱(2001)은 뇌파의 종류와 특성을 <표 6>과 같이 구분하였다.

✅ 〈표 6〉 뇌파의 종류와 특성

뇌파 종류	파장대	의식 상태
델타(δ)파	0.1~3Hz	깊은 수면 상태나 뇌 이상 상태
세타(θ)파	4~7Hz	수면 상태
알파(α)파	8~12Hz	이완 및 휴식 상태
SMR	12~15Hz	주의 상태
낮은 베타(β)파	16~20Hz	집중, 활동 상태
높은 베타(β)파	21~30Hz	긴장, 흥분 상태, 스트레스 상태

한편, 일반적으로 성향은 긍정(적극), 부정(소극), 명랑(외향), 우울(내향) 등 4가지로 나눌 수 있다. 이러한 4가지 성향은 알파(α)파와 베타(β)파를 측정하여 <표 7>과 같이 분류할 수 있다(김충식, 2013).

❷ 〈표 7〉 측정 뇌파에 따른 행동 및 정서적 성향

구분	측정뇌파	크기	성향	비고
긍정 (적극)	베타(β)파	좌>우	행동지향적, 활동적, 적극적, 외향적, 미래지향, 새로운 시도, 직관(육감), 변화추구, 계획적, 논리적, 사전 준비, 융통과 적응	행동적 성향
부정 (소극)	베타(β)파	좌<우	억제형, 비판적, 소극적, 내향적, 조용, 신중, 감각(오감), 현실수용, 일처리 미루었다가 한꺼번에 처리, 통제와 조정	
명랑 (외향)	알파(α)파	좌<우	외향적 활발, 적극, 사교적, 개방적, 능동적, 그룹활동 선호, 주관적 판단, 자율적	정서적 성향
우울 (내향)	알파(α)파	좌>우	내향적, 조용, 침착, 부끄러움, 수동, 개인활동 선호, 객관적 판단	

특히 정서지수와 활동지수를 활용한 인간의 성격을 4가지 유형으로 분류한 4유형 성격 검사는 전전두엽의 알파(α)파와 베타(β)파 간의 비대칭적 특성에 근거로 정서적 성향과 행동적 성향을 파악할 수 있다(김충식, 2013). 이러한 4유형 검사 결과를 통한 성격 유형은 <표 8>과 같이 구분할 수 있다.

❷ 〈표 8〉 뇌파 정보에 근거한 성격 유형

구분	특징
긍정 (적극) 외향형	• 좌뇌의 베타(β)파와 우뇌의 알파(α)파가 높은 경우 • 행동 지향적인 성격 • 자기 주도적이며 자신감과 추진력이 강한 특성 • 이성적이고 언어 능력이 뛰어나며 외부 자극에 긍정적이고 적극적인 반응, 준비성이 뛰어나며 계획적, 외향적이고 대인관계를 중시, 통제와 조정을 잘하는 성격유형
긍정 (적극) 내향형	• 좌뇌의 베타(β)파와 좌뇌의 알파(α)파가 높은 경우 • 독창적이고 논리적이며 비판 및 분석능력 탁월, 원리와 원칙 중요시 • 실질적이며 현실감각이 뛰어나고 일을 계획하고 추진하는 능력, 내향적, 외부 활동보다는 내부 행정적인 일을 선호 • 자기 결정에 의한 자율적인 면을 강조하고 새로운 아이디어에 의한 독창적인 성향
부정 (소극) 외향형	• 우뇌의 베타(β)파와 우뇌의 알파(α)파가 높은 경우 • 행동억제형 • 독창적이고 기획력이 우수하며, 사고가 독창적이고 비판 및 분석 능력 • 정열적이고 상상력이 풍부하며 창의력과 집중력이 강한 유형, 도전 선호, 사교적, 글보다는 말로 표현하기를 좋아하고 외향적이며 대인관계와 경험 중시

부정 (소극) 내향형	• 우뇌의 베타(β)파와 좌뇌의 알파(α)파가 높은 경우 • 감성적, 직관적, 종합적이고 예술능력이 발달하여 외부 자극에 신중, 억제, 비판적인 반응을 보이는 성격 • 내향적인 성향, 말보다는 글로 표현하기를 좋아하고 조용하며 침착하고 집중력 강함 • 외부 활동보다는 내부에서 하는 특정 분야의 전문성을 갖는 일 선호, 타인의 이름과 얼굴 등을 잘 기억하지 못하기 때문에 대인관계를 힘들어 하고 일을 처리함에 있어 객관적으로 판단, 원리원칙 중시

나. 자율신경계 측정

인체의 신경계는 중추신경계와 자율신경계, 체성신경계로 이루어져 있다. 중추신경계에 해당하는 뇌와 척수는 외부로부터 들어온 자극을 종합하여 어떠한 반응을 만들어내는 역할을 한다. 체성신경계는 근육의 움직임과 감각의 전달을 담당한다. 자율신경계는 심장박동, 소화, 호흡, 땀 분비 같은 신진대사를 담당한다.

특히 자율신경계는 교감신경과 부교감신경으로 이루어져 있으며, 이는 심장, 위장, 간 등 모든 내장기관에 작용하여 신진대사를 조절한다.

그 중에서도 교감신경계의 활성으로 인해 심박이 빨라지며, 호흡이 가빠지고 혈관이 수축되고, 털이 쭈빗 서며, 땀이 분비되고 입이 마르며 근육이 긴장되고 소화운동이 저하되는 등의 일련의 아드레날린 생리적 반응(스트레스)이 급격하게 일어날 수 있다. 동시에 직전 과도한 교감신경계 활성화에 대한 항상성 유지를 위한 길항작용으로 부교감신경계의 활성화가 유도되면서, 생리적 편안함으로 복귀할 수 있다.

❂ 〈표 9〉 교감신경계와 부교감신경계의 비교

	교감신경이 활동하면	부교감신경이 활동하면
눈동자	확대	축소
혈관	수축	확장
눈물샘	눈물의 분비가 감소	눈물이 증가
침샘	타액이 감소, 목이 마름	타액이 증가
위액분비샘	위액이나 장액의 분비가 감소	위액(위산) 등 분비가 증가
위장의 운동	활동이 감소, 변비가 생김	활발하게 활동

	교감신경이 활동하면	부교감신경이 활동하면
심장의 리듬	심박수 증가	심박수 감소
말소혈관	수축으로 혈압이 상승	이완되어 혈압이 저하
방광, 직장의 근육	소변이나 대변이 쌓여 변비가 생김	소변, 대변을 밀어내어 설사를 초래
뇌, 신경	흥분함	안정되어 졸음이 옴
신경전달물질	아드레날린, 논아드레날린	아세틸콜린

일반적으로 자율신경계의 교감신경계와 부교감신경계는 심박 간격에 직접적으로 영향을 주기 때문에, 심박 간격 변화 추이를 분석하는 심박변이도(HRV) 검사를 통해서 측정할 수 있다. 즉, 자율신경계가 건강한 사람은 심박변이도의 변화 폭이 큰 형태이지만, 건강하지 않은 사람은 심박변이도의 변화 폭이 작은 형태라고 할 수 있다. 즉, 자율신경계가 건강한 사람일수록 HRV-Index값이 크고, 심박변이도의 히스토그램 폭이 옆으로 퍼지고 낮지만, 자율신경계가 건강하지 않은 사람일수록 HRV-Index값이 작고, 심박변이도의 히스토그램 폭이 좁고 뾰족하다(<표 10> 참조).

◆ 〈표 10〉 자율신경계의 건강한 사례와 건강하지 않은 사례 비교

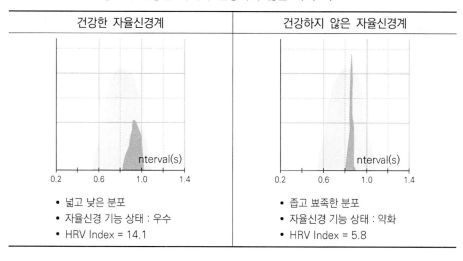

04 행동 관찰

1958년 애들피 대학(Adelphi University)에서 임상 심리학 박사 학위를 취득한 에크만은 손의 움직임과 제스처를 중심으로 비언어적 행위에 대한 비교문화 연구를 시작했다. 1956년부터 시작한 표정과 감정에 대한 연구에서 표정은 전 세계적으로 보편적이라는 증거들을 파파 뉴기니에서 발견하면서 더욱 더 활발해졌다. 이 연구 결과는 에크만을 찰스 다윈의 이론에서 가장 강력한 증거를 제시한 연구자로 만들었다. 샌프란시스코의 캘리포니아 의과 대학의 심리학과 교수였던 Ekman과 심리학과 강사였던 Friesen은 오랜 시간동안 협력 연구자로 활동해왔다. 파파 뉴기니의 비교문화 연구에서 영감을 받은 이들은 서로 협력하여 얼굴 움직임을 측정하는 포괄적이고 객관적인 도구인 얼굴 동작 부호화 시스템(Facial Action Coding System: FACS)을 1978년에 최초로 개발하였다. 이러한 Ekman의 표정 연구는 감정 상태를 거짓으로 말하는 환자들에 대한 연구와 함께 1967년부터 병행되었다. 우울하지 않다고 주장하지만 결국 자살을 시도하는 환자들에 대한 표정을 촬영한 결과에서 부정적인 표정들을 억지로 숨기려는 미세 표정들을 발견할 수 있었다.

특히 Ekman과 Friesen(1984)에 의하면 얼굴 표정을 산출하는 특정 얼굴근육 세트의 수축에 관심을 갖고 사람들이 화가 났을 때 종종 눈썹을 아래로 찌푸려 모으고, 눈을 째리고, 입술을 긴장시키는 것으로 알려져 있다. 즉, 얼굴 동작 부호화 시스템(Facial Action Coding System: FACS)을 통해서 얼굴의 어떤 근육들이 수축되는지, 얼마나 오래, 얼마나 강하게 근육들이 수축되는지 기록한다. 따라서, 사람들이 특정 정서를 느끼고 있다고 말하거나 그 정서를 유발할 것으로 기대되는 상황에 있을 때 근육 수축의 패턴의 관찰은 신뢰할 만하다(Ekman & Friesen, 1975).

그러나, 얼굴 표정 등 행동 관찰을 통한 정서 검사 방법은 다음과 같은 단점을 가지고 있다(Kalat, & Shiota, 2011; Ekman, 2001). 첫째, 상이한 정도의 성공률로 자신의 정서를 가장하거나 감출 수 있다. 둘째, 얼굴 표정을 부호화하는데 많은 시간이 소요된다. 셋째, 얼굴 표정을 관찰하는 사람마다 해석이 다를 수 있고 동의할 수 없다.

05 검사도구의 타당도 및 신뢰도

가. 타당도

측정도구가 측정하려는 바로 그 대상을 얼마나 정확하게 재고 있는냐를 따질 때 사용하는 개념으로서, '무엇을 재고 있느냐'에 해당한다. 즉, 원래 재려고 한 내용만을 충실하게 재고 있다면 타당도가 높은 측정도구라고 할 수 있지만, 원래 측정하고자 하는 내용 이외의 다른 내용을 혼합하여 재고 있다면 타당도는 낮아지게 된다.

따라서, 타당도는 '재려는 내용의 진실성'에 관한 문제로서 '재려는 내용만을 정확하게 재고 있는 정도'를 의미한다(길형석·손충기, 2007). 이러한 타당도의 개념은 무엇에 비추어 보아 타당도가 있다는 것을 의미하는 준거가 포함된다. 준거는 검사 자체 내에 있는 내적 준거와 검사 외부에 있는 외적 준거로 구분된다.

다시 말해, 타당도는 검사의 목적과 관련된 근거에 의해 평가되기 때문에 어떤 검사를 단순히 '타당도가 있다' 또는 '타당도가 없다'와 같이 평가하는 것은 잘못되었고, 타당도 근거에 따라 구체적으로 검사가 측정하고자 하는 특정한 목적에 비추어 '타당도가 높다' 또는 '타당도가 낮다'와 같이 평가하는 것이 정확한 표현이다(강현석·주동범, 2004).

일반적으로 교육의 성취도를 측정하기 위한 학력검사, 지능을 측정하기 위한 지능검사, 기타 각종 시험이나 검사들이 올바른 측정도구가 되기 위해서는 타당도를 가지고 있어야 한다.

타당도의 개념을 정확하게 이해하기 위해서는 몇 가지 유의해야 할 점이 있다(성태제, 1996).

첫째, 타당도는 피검사자 집단에 사용된 검사도구에 의해 얻어진 검사 결과의 해석에 대한 적합성이기 때문에, 검사 결과로부터 만들어진 해석에 대한 타당성을 의미한다. 둘째, 타당도는 있다와 없다가 아니라 낮다, 적절하다, 높다 등으로 표현해야 한다. 셋째, 타당도는 한 검사가 모든 목적에 부합될 수 없듯이, '이 검사가 무엇을 측정하는데 타당하다'라고 표현해야 한다. 넷째, 타당도는 다양한 종류의 근거에 기초한 단일한 개념으로 타당도가 해석되어야 한다.

타당도의 유형은 크게 내용 타당도, 준거 관련 타당도(예언 타당도, 공인 타당도), 구인 타당도 등 <표 11>과 같이 분류할 수 있다.

✔ 〈표 11〉 타당도의 유형

구분		특징
내용 타당도		• 한 검사를 구성하고 있는 문항들이 그 검사가 측정하고자 하는 내용을 측정하기 위해 만들어질 수 있는 문항 전집을 대표할 수 있도록 문항이 표집되어 있는 정도 • 교과 타당도, 목표 타당도, 안면 타당도, 논리적 타당도, 정의에 의한 타당도, 교수 타당도, 검사도구의 내용에 기초한 근거 • 측정도구가 원래 재려고 한 내용을 이론적으로 합당하게 재고 있는 정도 • 측정하려고 하는 교과의 교육목표를 얼마나 논리적으로 합당하게 검사 내용에 충실히 포함시키고 있는가? • 측정도구로서의 검사 내용이 재려는 교과내용의 중요한 것을 모두 포함하고 있는가? • 검사문항의 곤란도가 너무 쉽거나 어렵지 않은가? • 재려는 교과의 교육목표와 교육내용을 충실히 재고 있는 정도 • 내적 준거와 관련
준거 관련 타당도	예언 타당도	• 현재의 수준이 대체 어느 정도가 되는지를 설명하고 장차 다른 행동 수준이 어느 정도 될 것인지를 예언 • 한 측정도구가 가지고 있는 예언의 정도 • 어떤 평가도구가 목적하는 준거를 정확하게 예언하는 힘 • 검사의 측정이 이루어진 다음 일정한 기간이 지난 후에 얻어지는 경우 • 어떤 시험성적이 시험결과 합격한 후의 학업성적이나 근무성적을 어느 정도 잘 예측해주는가를 확인 • 준거는 시간적으로 미래의 행동 특성 • 선행검사 X와 준거 Y와의 상관 계수로 표시 • 외적 준거와 관련
	공인 타당도	• 검사 자체와 준거가 동시에 측정되면서 검증되는 타당도 • 두 검사 간의 공통된 요인의 유무를 확인 • 예언에는 관심이 없고 어떤 검사 점수가 '현재' 시점에서 다른 검사 점수(준거)와 어느 정도 일치되는가를 확인 • 두 검사가 거의 같은 내용을 측정하고 있다는 것을 밝히기 위해 동일 집단에게 새로 제작한 검사와 타당성을 널리 인정받고 있는 검사를 거의 동시에 실시한 후 두 검사 점수 간의 상관 계수를 추정하여 사용 • 새로 만든 창의성 검사가 현재 널리 사용되고 있는 창의성 검사와의 상관 관계

구인
타당도
	• 검사 점수가 심리학 이론에서 설명하려는 구인을 설명할 수 있는 정도
	• 특정 검사가 조작적으로 정의된 구인을 실제로 측정하고 있는지를 검증하
	여 나타내는 타당도
	• 구성 타당도, 검사도구의 내적 구조에 기초한 근거
	• 구인: 지능, 동기, 태도, 학력 등 직접 관찰하거나 측정할 수 없는 특성 또
	는 현상을 이론적으로 개념화한 구성 개념의 한 유형
	• '이 특성을 가진 사람은 X라는 상황 하에 Y라는 행동을 할 것이다'라고 정립
	• 한 검사가 조작적으로 정의되지 아니한 어떤 특성이나 성질을 측정했을 때
	그것을 심리학적 개념으로 분석하고 의미를 부여하는 과정
	• 검사 점수 또는 검사 결과의 원인이 될 구성 요인이 무엇인지를 시사하는
	과정
	• 구인 타당도 검증을 위한 과정
	  - 검사 점수 또는 검사 결과의 원인이 될 구인 추측
	  - 구인과 관련된 이론적 배경에서 가설 설정 및 진술
	   (과학의 이론적 조작)
	  - 가설 검증을 위한 귀납적이고 경험적 연구 실행
	• 구인 타당도 측정 방법
	  - 상관 계수 방법: 각 구인들에 의해 얻어진 점수와 심리적 특성을 측정하
	   는 총점과의 상관 계수에 의해 타당도를 검증하는 방법
	  - 실험설계 방법: 심리적 특성을 구성하는 구인을 실험집단에 처치하고 통
	   제집단에는 처치하지 않고 두 집단에서 심리적 특성의 차이가 나타나는
	   지를 측정하여 구인의 심리적 특성을 설명하는 구인인지 판단하는 방법
	  - 요인 분석 방법: 복잡하고 정의되지 않은 많은 변수들 간의 상호관계를
	   분석하여 상관이 높은 변수들을 모아 요인으로 규명하고 요인의 의미를
	   부여하는 방법

타당도의 유형의 장점과 단점을 살펴보면 <표 12>와 같이 정리할 수 있다.

☑ 〈표 12〉 타당도 유형별 장점과 단점

구분	장점	단점
내용 타당도	• 검사 목적에 부합되는지에 대한 여부 를 전문가들에 의해 검증	• 수치화나 계량화되지 않기 때문에, 타 당성의 정도를 표기할 수 없음
예언 타당도	• 검사도구가 미래의 행위를 예측하기 때문에 선발, 채용, 배치 등의 목적 으로 사용 • 임용고시, 의사고시, 대학수학능력시 험 등의 활용	• 동시에 검사가 불가능하므로 검사의 타 당성을 검증하기 위한 시간적 여유 필요 • 일정한 시간이 경과한 후 검사 점수와 측정된 행위의 상관 계수에 의해 타당 도를 검증하기 때문에, 연구용 검사도 구의 예측타당도 검증은 불가능

공인 타당도	• 계량화하여 타당도에 대한 객관적인 정보 제공 • 타당도의 정도를 수치화 가능	• 타당성을 검증 받은 기존의 타당도 검사가 없는 경우 공인 타당도를 추정하기 어려움
구인 타당도	• 응답 자료를 기초로 한 계량적 방법에 의한 검증 • 객관적이고 과학적인 정보 제공 • 모르는 심리적 특성에 부여한 조작적 정의의 타당성을 밝혀 주기 때문에, 많은 연구의 기초 제공	• 요인분석을 실시할 경우 변수 또는 문항들 간의 보다 안정적인 상관 계수를 얻기 위해 많은 연구대상 필요

지금까지 살펴본 타당도의 유형을 서로 비교해 보면 <표 13>과 같이 비교할 수 있다(이칭찬·황선경, 2003).

● 〈표 13〉 타당도 유형별 특징의 비교

구분	내용 타당도	준거관련 타당도	구인 타당도
주요 문제	• 검사문항의 표집이 전집을 얼마나 대표하고 있는가?	• 검사도구가 어떤 준거 측정치에 비추어 미래 행동을 얼마나 예측해 주고 있는가?	• 검사도구는 어떤 특성을 재고 있는가?
추정 방법	• 표집의 적합성 판단 • 수량을 나타내는 어떤 지수에 의한 추정 불가능	• 검사 점수와 기준 측정치의 결과 비교 • 상관 계수 많이 사용	• 검사가 어떤 것을 재고 있는지에 대한 각종 증거를 수집하고 축적 • 상관분석, 요인분석 등 사용
예시	• 교과의 한 단원 내용을 표집한 시험문제지 • 몇 가지 종류의 사람에 대한 반응을 표집하여 태도를 측정하려는 성격검사	• 학업 적성 검사를 가지고 대학 성적 예측(예언 타당도) • 유명한 개인 지능 검사 대신에 상관이 높은 집단 지능검사를 사용하여 경비를 절약하는 경우(공인 타당도)	• 지능이나 창의성 등의 특성을 측정하는 검사도구를 제작한 다음에 이러한 특성을 재고 있다는 증거 수집

결론적으로 말하면 타당도는 검사 점수로부터 만들어진 추리의 적합성, 의미성, 유용성과 관련되는 개념으로, 검사도구의 목적에 대한 적합성이라 할 수 있다(김진규, 2007; 성태제, 1996).

나. 신뢰도

신뢰도는 도구가 무엇을 재든 재려고 하는 바를 항상 일관성 있게 안정적으로 잴 수 있느냐 따질 때 사용하는 개념으로서, '어떻게 재고 있느냐'에 해당한다. 즉, 검사도구가 인간의 어떤 행동 특성을 측정할 때마다 같은 점수를 획득한다면 신뢰도가 높지만, 만약 검사도구가 인간의 어떤 행동 특성을 측정할 때마다 다른 점수를 획득한다면 신뢰도가 낮다고 할 수 있다. 따라서, 신뢰도는 검사도구의 믿음성, 안정성, 일관성, 정확성 등을 나타내는데 사용된다(강봉규·박성혜·최미리, 2006).

특히 신뢰도는 표준오차를 구하기 위해 같은 대상을 여러 번 재는 대신에 한두 번 재어서 얻어진 점수 사이의 상관 계수인 신뢰도 계수에 의해 통계적으로 추정할 수 있다.

특정한 검사도구를 동일한 대상에게 두 번 실시하여 얻은 점수 사이의 상관관계를 측정한 다음에, 처음 실시했을 때의 결과와 두 번째 실시했을 때의 결과가 일치하면 상관관계와 신뢰도가 높다고 할 수 있다. 만약에 검사 결과 두 점수가 완전히 일치하면 상관 계수가 1.0을 나타내고 완전히 일치하지 않으면 0.0을 나타내는데, 일반적으로 사회과학 분야에서는 .80 이상의 신뢰도 계수가 나와야 신뢰도 계수가 높다고 할 수 있다.

한편, 신뢰도의 유형은 크게 재검사 신뢰도, 동형검사 신뢰도, 반분 신뢰도, 채점자 신뢰도, 문항내적 합치도, Cronbach α 계수 등 <표 14>와 같이 분류할 수 있다.

❤ 〈표 14〉 신뢰도의 유형

구분	특징
재검사 신뢰도	• 동일한 검사도구를 동일 집단에게 일정한 시간적 간격을 두고 두 번 실시했을 경우, 첫 번째의 점수와 두 번째의 점수 간의 상관 계수를 산출하여 얻은 신뢰도 • 안정성 계수 • 검사와 재검사 사이의 시간 간격이 길수록 신뢰도 계수는 작아지고, 짧을수록 신뢰도 계수는 커지는 단점 • 검사도구의 실시 간격은 일반적으로 2~4주 정도 • 실시 간격이 짧으면 처음 검사도구의 경험이 검사내용의 기억 및 연습효과에 남게 되어 두 번째 검사도구에 영향을 미치고, 실시 간격이 길면 학습자

	자신의 학습과 성장에 의해 학습자 자신이 변화함으로써 두 검사 간의 상관이 낮게 나올 가능성이 있음 • 검사 실시할 때마다 학습자가 검사를 받는 태도, 동기, 건강 조건, 검사 환경 등을 동일한 조건으로 만들기가 매우 어려워 신뢰도 계수에 영향을 미칠 가능성 있음 • 첫 번째 획득한 점수(X)와 두 번째 획득한 점수(Y) 간의 상관 계수를 산출하는 Pearson 적률상관 계수 사용 • Pearson 적률상관 계수 0.80 이상 되어야 신뢰
동형검사 신뢰도	• 먼저 두 개의 동형검사를 제작하고 동일한 집단을 대상으로 실시하여 얻은 두 점수 간의 상관 계수를 산출하여 얻은 신뢰도 • 동일한 문항 내용, 문항 곤란도, 문항 표현 형식, 문항 수 등으로 구성된 검사도구 사용 • 동형성 계수, Pearson 적률상관 계수 • 두 개의 동형검사를 동일한 대상에게 동시에 실시하기 때문에, 실시 간격이 문제가 되지 않고 신뢰도 계수 추정이 쉬움 • 측정하는 영역이 한정되어 있고 동일한 난이도의 문항을 표집하기 어려워 동형검사를 제작하기 매우 어려움 • 동일한 검사를 두 번 실시하는 것보다 연습의 효과를 줄여 주지만 완전히 없애기가 어려움 • 실시 간격은 일반적으로 1~2일간의 간격을 두거나 동시에 두 개의 동형검사 실시 • Pearson 적률상관 계수 0.90 이상 되어야 신뢰

반분 신뢰도	• 하나의 요인을 측정하는 한 개의 검사도구를 실시한 후에 이 검사도구를 적절한 방법에 의해 두 부분으로 나누어 2개의 독립된 검사로 생각하여 두 검사점수의 상관 계수를 계산하는 신뢰도
	• 동질성 계수
	• 재검사나 동형검사가 하기 어려울 경우 많이 사용하는 방법
	• 동질성이 낮은 문항으로 구성된 검사도구와 속도 검사도구의 신뢰도를 산출하는데 불가능
	• 검사 실시 과정에서 특수한 조건, 피검사자의 시간 경과에 따른 우연적 변동 등 신뢰도 계수에 영향을 미치는 것에 유의
	• 1개의 검사도구를 반분하는 방법
	  – 전후 반분법: 한 검사를 검사 문항의 배열 순서에 따라 전반부와 후반부로 반분하는 방법, 문항 수가 적거나 검사문항의 난이도가 골고루 분포되어 있을 경우 적합
	  – 기우 반분법: 검사 문항의 번호에 따라 홀수와 짝수 번호로 나누어 반분하는 방법, 검사 문항이 비교적 많은 검사나 난이도에 따라 문항이 배열되어 있을 경우 적합

	– 난수표법, 무선표집에 의한 반분법 • 반분된 상관 계수는 Spearman-Brown 공식을 사용하여 전체 검사의 신뢰도 계수 산출
채점자 신뢰도	• 두 사람 이상의 채점자들이 동일한 답안지를 가지고 채점을 한 후 여러 사람의 채점 결과가 얼마나 일치하는지를 알아보는 신뢰도 • 채점 결과 간의 상관 계수를 산출하여 상관 계수가 높으면 채점자 간의 일치도와 채점의 신뢰도가 높아지고, 신뢰도 계수가 낮으면 채점자 간의 일치도와 신뢰도가 낮아짐 • 채점자 신뢰도 계수

문항
내적 합치도
	• 한 검사 내에 있는 문항 하나 하나를 각각 독립된 별개의 검사로 간주하여 문항 간 일관성이나 합치성을 구하는 신뢰도
	• 각 문항 간의 합치성, 동질성, 일치성 등을 종합하여 신뢰도를 산출하는 방법
	• 한 검사에 포함된 문항 간 반응의 일관성을 문항의 동질성 여부에 의해 결정
	• 동질성 계수
	• 단일한 특성을 재는 문항으로 구성된 검사도구 사용
	• 검사를 두 번 실시하지 않고 신뢰도 추정 가능
	• 문항 곤란도가 아주 쉽거나 어려운 문항이 없고 중간 정도로 0.3~0.7 정도의 문항인 경우와 일정 시간 내에 시도한 역량 검사(power test)인 경우에 적합
	• 문항내적 합치도를 산출하는 방법
	  – Kuder-Richardson 공식(KR-20): 문항의 반응이 맞으면 1, 틀리면 0으로 채점되는 양분 문항의 경우에 사용
	  – Kuder-Richardson 공식(KR-21): 문항의 점수가 1, 2, 3, 4, 5 점 등의 연속 점수일 경우에 사용

Cronbach α	• 한 검사의 문항들 사이의 신뢰도 계수를 문항 간의 공변량/문항 간 평균변량의 비로 나타내려는 개념 • Cronbach α 계수는 문항 형식에서 문항의 반응이 맞으면 1, 틀리면 0으로 채점되는 양분 문항과 한 개의 여러 단계의 점수로 채점되는 논문형 문항의 경우에 사용 • 하나의 특성만을 측정하기 위해 개발된 검사도구에 적합 • 급내 상관, 내적 일관성 지수

신뢰도의 유형의 장점과 단점을 살펴보면 <표 15>와 같이 정리할 수 있다.

● 〈표 15〉 신뢰도 유형별 장점과 단점

구분	장점	단점
재검사 신뢰도	• 간단한 신뢰도 추정 방법	• 검사 간격 설정의 어려움 • 동일한 검사의 두 번 실시에 따른 문제
동형검사 신뢰도	• 검사 간격 설정에 어려움이 없음 • 신뢰도 계수 추정이 쉬움	• 동형검사 문항 제작의 어려움 • 연구자의 검사도구 제작 능력의 영향을 받음
반분 신뢰도	• 한 번의 검사를 실시하여 신뢰도 추정 가능	• 검사를 양분하는 방법에 따라 신뢰도 계수가 다름 • 속도검사의 경우 반분신뢰도 추정의 불가능
채점자 신뢰도	• 채점자 간 신뢰도 추정의 용이함	• 채점자 간 신뢰도가 낮은 원인에 대한 다양한 각도에서의 분석 불가능
Cronbach α	• 검사를 양분하지 않고 단일한 신뢰도 추정 가능 • 재검사 신뢰도, 동형검사 신뢰도, 반분 신뢰도의 단점 극복 • 가장 많이 활용되는 신뢰도 추정 방법	• 검사도구의 신뢰도를 과소 추정

CHAPTER 03

정서의 특징

01 정서의 속성

정서는 다른 심리적 구인과 구분되는 다양한 특징을 가지고 있다(Ekman, 1994).

첫째, 정서는 생리적 반응을 수반하기 때문에 특정 정서에는 특징적인 자율신경계의 변화가 따른다.

둘째, 정서는 특정 사건에 의해 불수의적으로 일어나기 때문에 특정한 정서를 생성하기로 작정하고 의도적으로 생성한다는 것은 불가능하다.

셋째, 정서는 인간뿐만 아니라 영장류에서도 관찰된다.

넷째, 정서는 빠르게 생성되기 때문에 무엇이 일어났는지를 자각하기도 전에 일어난다.

다섯째, 정서는 빠르게 생성되지만 오래 지속되지 못해 지속 시간이 짧다.

여섯째, 정서 반응은 지각도 못한 상태에서 자극에 대한 자동적 평가 기제가 작동할 수 있다.

일곱째, 정서를 유발하는 상황은 개인적 차이나 문화적 차이에도 불구하고 특정 정서를 유발하는 공통적인 요소가 있다.

여덟째, 모든 정서에서 나타나는 것은 아니지만, 분노, 공포, 슬픔, 혐오 등과 같은 특정 정서에는 보편적인 신호가 나타난다. 예를 들면, 즐거움, 만족감, 자긍심 등과 같은 긍정 정서는 음성 신호에서 차이가 있지만, 모두 특정한 형태의 '웃음'이라는 하나의 신호를 공유한다(Ekman, Davidson, & Friesen, 1990).

지금까지 정서는 매우 빠른 속도로 생성되고 거의 지각도 하지 못하는 생리적 변화가 일어나는 자동적 평가로 인해 우리가 정서를 선택하는 것이 아니라 정서가 우리에게 일어나는 것으로 경험하게 된다(정옥분·정순화·임정화, 2007).

특히 정서의 법칙은 관심의 법칙, 실제 상황의 법칙, 변화, 습관화, 비교의 법칙, 불균형의 법칙, 정서적 타성 보존의 법칙, 절대성의 법칙, 결과 고려의 법칙, 부담 최소화와 이득 최대화의 법칙 등 <표 16>과 같이 구분할 수 있다(Frijda, 2017).

✅ 〈표 16〉 정서의 법칙

구분	특징
관심의 법칙	• 모든 정서에는 관심이 기저에 있음 • 한 개인의 목표나 동기, 관심에 중요한 의미를 갖는 사건에 대한 반응으로 정서 유발 • 개인의 관심은 정서를 이해하는 중요한 요소 • 정서는 개인의 관심을 탐색하는 중요한 요소
실제 상황의 법칙	• 한 개인이 상황을 지각하는 방식에 의해 정서가 좌우됨 • 실제 상황은 정서를 유발하는 중요한 요인 • 실제로 일어나는 것으로 지각되는 사건은 정서를 유발하지만, 실제로 일어나는 것이 아닌 것으로 지각되는 경우에는 정서가 유발되지 않거나 유발되더라도 강도가 약함
변화, 습관화, 비교의 법칙	• 좋아하거나 싫어하는 상태가 지속될 때 정서는 유발되지 않고, 상황이 변화하거나 변화가 예측될 때 정서가 유발됨 • 상황 변화의 정도가 클수록 강한 정서가 유발됨 • 계속되는 즐거움은 강도가 약해지고 계속되는 어려움도 강도가 약해지며, 사랑하는 감정도 시간이 지나면 약해지는 습관화의 법칙에 근거함 • 정서의 강도는 특정 사건과 그 사건이 평가되는 상황에 좌우되기 때문에, 자신보다 더 고통받는 사람이 있는 경우, 비교를 통해 상대적으로 고통은 감소하는 비교의 법칙을 포함 • 습관화 및 비교의 법칙은 모든 정서에 적용되는 것이 아니라, 특정 범위 내에서만 작용함

구분	특징
불균형의 법칙	• 즐거움 등과 같은 긍정 정서는 계속적으로 경험하게 되면 그 강도는 약해지지만, 고통은 지속적으로 역경에 처한다고 하더라도 약해지지 않고 지속되는 법칙 • 희망은 지속성에 한계가 있지만, 공포는 지속적으로 경험할 수 있음
정서적 타성 보존의 법칙	• 시간이 상처를 치유하지 못하고 특정 정서 사건은 습관화가 반복적으로 노출되어도 소멸되지 않고 정서를 유발하는 힘이 무한정으로 지속되는 법칙 • 외상후 스트레스 장애(PTSD)
절대성의 법칙	• 정서가 상황이나 평가에 따라 상대적인 것이 아니라, 절대적인 것으로 생각 • 특정 사람이 무례한 행동을 했을 때 단순히 그 상황에서 행동이 무례한 것이 아니라, 그 사람의 본성이나 성품 자체가 무례하다고 생각하고 화를 내는 법칙
결과 고려의 법칙	• 정서 반응은 항상 지각되는 대로 표현하는 것이 아니라, 심사숙고 과정을 거쳐 표현 • 모든 정서적 충동은 일어날 수 있는 모든 가능한 결과를 염두에 두고 고려하려는 2차적 충동을 유발하며 충동 반응을 조절하고 억제하려는 정서 통제가 모든 정서에 존재함
부담 최소화와 이득 최대화의 법칙	• 특정 상황에서 개인은 예측 가능한 결과에 의해 정서 반응을 보이게 되며, 취사선택이 가능한 상황에서 부정적인 정서적 부담을 최소화하고 정서적 이득을 최대화하려는 경향을 가지는 법칙 • 부정적인 정서적 부담은 고통스럽고 인내하기 어려운 정도를 의미

02 정서 유발 요인

정서 유발 요인은 생물학적 관점, 인지적 관점 등 크게 <표 17>과 같이 구분할 수 있다(정옥분·정순화·임정화, 2007).

❤ 〈표 17〉 정서의 유발 요인

구분	특징
생물학적 관점	• Platon: 인간의 정신세계를 신성, 정신, 욕망 등 범주로 구분·정서는 정신과 욕망 사이에 위치 • Descartes: 사랑, 증오, 욕망, 기쁨, 슬픔, 감탄 등의 기본 정서와 6가지 기본 정서가 혼합된 정서로 구분 • Darwin: 정서는 자연 환경에 적응해오는 진화과정에서 계통 발생적으로 얻어진 유산, 자연도태적 관점 • James, Langer: 신체적, 생리적 반응이 정서과정의 필요충분 조건, 심리생리학적 관점 • Cannon: 정서와 두뇌의 구조 및 기능의 관련성, 신경생리학적 관점
인지적 관점	• Aristoteles: 정서는 즐거움과 괴로움의 판단에 영향을 미치는 인지적 속성, 분노(특정 사회적 상황, 행동 경향, 신체적 각성에 대한 인식 등 인지적 요소 포함) • Stoicism(스토아학파): 정서는 유기체로 하여금 위험한 상황을 극복하고 이에 적응해 나갈 수 있도록 인지적으로 유도된 충동 • Spinoza: 정서는 인지와의 상호작용을 통해 발달 • Arnold, Lazarus: 동일한 상황이라고 동일한 정서 반응이 일어나는 것이 아니라, 개인의 정서 반응은 사람에 따라 상황이나 사건에 대한 인지적 평가에서 비롯된다는 평가이론 주장 • Weiner: 사건 이전의 평가 분만 아니라, 이후의 평가를 강조하는 귀인이론 주장 • Averill: 정서를 사회적 구성 과정의 결과로 보는 사회구성주의 이론 구성

최근에는 정서 유발 요인을 하나의 관점에서 바라보는 것이 아니라, 생물학적 관점과 인지적 관점을 모두 통합하려는 연구가 진행되고 있다.

03 정서의 기능

정서의 전반적인 기능은 인간이 환경에 적응하는 것을 도와주는 것이다. 정서의 환경에 대한 적응적 기능은 진화생물학적 관점에서 강조하고 있다 (Plutchik, 1980). 즉, 정서가 위험으로부터 도피나 자손의 보호 등과 같은 적응적 기능을 가지지 않았다면, 진화해 오지 않았다는 주장이다.

특히 적응적 기능으로서 정서는 다음과 같은 특징을 가진다(Kalat, & Shiota, 2011). 첫째, 정서는 인간의 유전자를 기반으로 한다. 둘째, 정서를 경험하기 위해 필요한 유전자는 오랜 옛날 무작위적 돌연변이로 출발했다. 셋째, 정서를 가진 개인은 그렇지 않은 개인보다 더 많은 자손을 가지고 유전적 친족들을 더 잘 돌보아서 더 많은 자손을 갖도록 하였다. 넷째, 자연 선택의 과정 때문에 정서를 지원하는 유전자는 여러 세대를 통해 확산되어 전체 유전자 풀의 전형이 되었다.

또한, Bowlby(1982)는 정서의 주된 기능으로서, 종의 생존 및 번식 가능성을 증가시키는 기능을 한다고 주장하였다. 즉, 진화론적 정서이론과 애착 이론은 다양한 정서가 어떻게 자손을 출산하고 양육하는가에 대한 문제를 설명하고 있다(정옥분·정순화·임정화, 2007).

Darwin(1965)에 의하면 정서는 유기체가 환경에 적응해나가는 것을 도와주는 기능을 가지고 있다. 즉, 정서는 인간이나 동물에게 도전과 위험 상황에 대처하기 위한 적응적 방식을 마련해 줄 수 있다(정옥분·정순화·임정화, 2007). 이러한 정서는 일상생활에서 직면하는 과제를 특별한 노력을 하지 않고도 손쉽게 처리할 수 있다(Ekman, 1994).

또한, Plutchik(1980)에 의하면 정서는 인간이 환경에 적응하도록 돕기 위해 보호, 파괴, 번식, 재결합, 친애, 거부, 탐색, 지향 등 8개 세부 목표 기능을 수행한다고 주장한다(<표 18> 참조).

● 〈표 18〉 환경 적응으로서의 정서 기능

자극 사건	인지	정서	행동	효과
위험	위험	공포	달리기 날아가기	보호
장애물	적	분노	깨물기 치기	파괴
잠재적인 배우자	소유	기쁨	구애 짝짓기	번식
가치있는 대상의 상실	포기	슬픔	재결합을 위해 울기	재결함
집단 구성원	친구	수용	치장하기 나누기	친애
소름끼치는 물건	독	혐오	토하기 밀기	거부
새로운 영역	무엇이 있지?	기대	탐색하기 표시하기 조직하기	탐색
예기치 못한 사건	무엇이지?	놀람	멈추기 신경 곤두세우기	지향

이외에도 인지적 관점에서는 자극에 대한 평가나 기억과 관련된 기능(Morris, 1992)을 강조한다. 즉, 정서는 사건에 대한 기억과 평가에 영향을 미치며, 특정한 기억의 저장 능력을 향상시킴으로써 환경에 대한 적응 능력을 높여주는 기능을 한다(Rolls, 1990).

한편, 정서는 하나의 사회적 현상이며 사회적 현상은 정서적인 성격을 지니고 있기 때문에 정서와 사회성은 밀접한 관련을 가지고 있다(정옥분·정순화·임정화, 2007). 이러한 사회적 관점에서 정서는 사회적 상호작용이나 사회적 가치 및 규범의 전수 기능(Armon-Jones, 1986)을 강조하고 있다. 정서의 사회적 기능은 크게 개인, 상호관계, 집단, 문화 등 <표 19>와 같이 4가지 수준으로 분류할 수 있다(Keltner & Haidt, 1999).

◉ 〈표 19〉 정서의 사회적 기능

구분	특징
개인적 수준	• 개인은 정서 반응을 해석하고 수용하는 주체 • 정서와 관련된 개인의 내분비선, 자율신경계 및 중추신경계의 변화와 평가, 행동준비도, 기억, 지각, 판단 등 • 평가 과정을 통해 정서는 개인에게 사회적 사건이나 상황에 대한 정보 제공 • 정서와 관련된 생리적 및 인지적 과정은 각 개인으로 하여금 사회적 상호작용에서 일어날 수 있는 문제에 적절히 대처하도록 준비시키는 기능
상호관계적 수준	• 얼굴 표정 및 음성, 몸짓을 통해 정서가 어떻게 의미있는 상호관계를 형성하는데 기여하는가를 탐구 • 정서 표현은 상대의 정서 상태나 신념 및 의도를 알려줌으로써 신속하게 이를 상호작용에 통합시킴 • 정서적 의사소통을 통해 타인으로부터 원하는 정서 유도(예: 분노 정서는 상대방에게 공포 반응을 유발하고, 고통 정서는 동정심을 유발) • 정서 표현은 자신의 느낌을 타인에게 전달하는 강력한 비언어적 의사소통 수단 • 정서 표현은 상대방에게 자신의 정서 상태에 대해 알게 해주고 이에 대해 미리 대비하고 적절한 행동을 하도록 방향을 제시해 주는 기능(얼굴 표정, 소리, 몸짓 등을 통해 자신의 느낌을 타인에게 전달하고 이를 통해 양육자로 하여금 자신을 돌보게 하는 반응을 유도) • 정서는 상호 관계에서 일종의 유인 자극으로 작용(자신이 기쁘지 않은 상황에서도 가끔 웃어서 상호작용을 유발하고 촉진시키는 기능)
집단적 수준	• 정서는 집단 구성원들이 공동 목표를 달성하기 위해 공동의 정체감이나 목표를 공유하게 하는 기능 • 정서는 집단의 경계나 집단 정체감을 형성하도록 도와주는 기능 • 정서는 집단과 관련된 역할이나 지위를 규정하고 이와 타협하는 기능 • 정서는 집단과 관련된 문제에 대해 양보하고 타협하게 도와주는 기능
문화적 수준	• 정서는 문화적으로 적절하다고 생각되는 정서 반응을 유발하게 함으로써 문화적 정체감 형성 • 정서는 문화의 규범이나 가치를 학습하는데 기여 • 정서는 문화적 이데올로기나 권력 구조를 영속화시키는 기능

04 영유아기 정서의 특징

언어능력이 부족한 영아에게 있어 정서는 다음과 같은 두 가지 기능과 목적이 있다(Lamb, 1998). 첫째, 영유아의 정서 표현은 자신의 상태를 양육자에게 알림으로써 하여금 자기를 돌보게 하기 위함이다. 둘째, 영유아의 정서는 특정 자극에 대해 특정한 행동을 유발하기 위한 동기를 부여한다. 즉, '분노'는 공격행동의 동기를 부여하고, '공포'는 회피행동의 동기를 부여한다. 그 예로 배가 고픈 영유아는 공복에 의해서 생기는 불쾌정서로 인해 팔이나 다리를 버둥대면서 울며, 몸이 불편한 영유아는 그 상황을 회피하기 위해 고통스런 표정과 함께 계속해서 울게 된다.

가. 정서 표현

① 기쁨

기쁨은 미소나 웃음으로 표현한다. 출생 직후에 나타나는 배냇 미소는 선천적·반사적 반응으로 깊은 수면이나 부드러운 감촉 등과 같은 편안한 내적 상태에서 비롯된 반응이다. 4주경이 되면 외부의 자극에 대해 미소를 보이며 6~10주경에는 사람의 얼굴에 대해 사회적 미소를 보인다. 3개월경에는 사회적 상호작용이 이루어질 때 빈번하게 미소를 지으며 이러한 반응은 친숙한 사람과의 친밀감을 강화시킨다. 웃음은 3~4개월경에 주로 반복되는 자극에 의해 나타나며 6개월이 되면 깔깔거리고 소리내어 웃는 등 행동으로 표현하게 된다. 9~12개월경에는 '까꿍놀이' 등에 미소를 보인다. 웃음은 또 하나의 기쁨과 만족의 표현이다.

② 분노

출생 초기 영아는 배고픔이나 신체적 고통 등의 자극을 느낄 때 울음으로 표현하며 점차 자신의 욕구에 대한 좌절을 분노로 표출하게 된다. 영아가 성장함에 따라 초기에는 자신이 느끼는 좌절감을 자신의 신체를 격렬하게 움직이거나 고통스런 울음으로 표현하지만, 4~6개월경에는 성난 목소리로 소리를 지른다. 분노는 2세경에 최고에 달하며 이러한 분노에 대해 성인이 무관심하거나 사랑과 관심으로 수용하지 않으면 공격성으로 나타나게 된다.

③ 공포

공포는 신체적·심리적 위험에 대한 반응으로 나타난다. 출생 초기에는 심한 고통, 큰 소리, 수면 시의 큰 자극, 새로운 장소나 사람, 높은 장소나 어둠에서 공포의 반응이 나타난다.

6개월경부터 새로운 대상이나 상황에 대해 공포감을 느끼기 시작하며 만 1세 경에 가장 심하게 나타난다. 그 중에서 애착이 형성된 사람과의 분리나 낯선 사람과의 만남은 공포를 유발하는 중요한 요인이 된다(Thomas & Lamb, 1982). 이러한 두려움은 공포와 함께 불안감을 조성해서 공포정서와 불안정서가 함께 나타날 수 있다.

④ 자부심, 수치감, 죄책감

2세 정도가 되면 영아는 자의식이 발달하면서 부끄러움, 당황, 자부심, 수치감, 죄책감 등 비교적 복잡한 정서를 행동으로 표출한다. 이러한 정서의 표현은 영아의 행동이 과거의 경험이나 생각에 의해 평가된 후에 나타나는 것으로 영아의 얼굴 표정과 함께 행동으로 나타난다. 한 연구(Alessandri & Lewis, 1996)에서 아동들이 다양한 퍼즐에 성공하거나 실패했을 때 어머니들의 반응을 관찰한 결과, 아동들이 보인 자부심과 수치심은 대개 결과에 대해 어머니의 반응에 의존한다고 보았다. 즉, 부모들이 아이의 자기–평가적 정서 경험이나 표현에 영향을 미친다는 것을 알 수 있다.

나. 정서조절

모든 사회는 정서표출 규칙을 갖고 있다. 이는 어떤 정서들을 어떤 환경에서 표현해야 하는지 혹은 표현하지 말아야 하는지를 명시하는 문화적으로 정의된 규칙들이다(Gross & Ballif, 1991; Harris, 1989). 18~24개월 영아는 자신을 당황하게 만드는 사람이나 대상의 불쾌한 자극으로부터 몸을 돌리거나 혹은 분노나 슬픔을 억누르려고 눈살을 찌푸리거나 입술을 앙다무는 등 부정적인 정서를 통제하려는 경향을 보인다(Mangelsdorf, Shapiro & Marzolf, 1995). 정서조절 능력은 다른 사람들과 원만한 관계를 유지하기 위해서 습득되어져야 한다.

다. 정서 이해

약 3개월 된 영유아는 사진 속의 성인들이 보이는 서로 다른 정서를 구별할 수 있다. 그러나 이런 증거들은 단순히 시각적 변별능력을 반영하는 것이며, 반드시 어린 영유아가 기쁨, 분노, 슬픔과 같은 다양한 정서를 해석할 수 있다는 의미다(Nelson, 1987). 8~10개월에는 다른 사람의 정서를 인식하고 이해하는 능력이 보다 분명해지며(Soken & Pick, 1989), 낯설거나 모호한 상황에서 부모의 정서적 반응을 살피고 자신의 행동을 조절하는 사회적 참조(social referencing)가 나타난다. 머메, 퍼널드와 헤레라(Mumme, Fernald & Herrera, 1996)는 12개월 된 영유아들도 어머니의 음성적 정서 표현에 대한 인식 및 이해가 가능하다고 보았다.

❤ 〈표 20〉 영유아기 정서의 특징

연령	정서 표현/조절	정서 이해
출생~6개월	• 모든 일차적 정서가 나타남 • 정적 정서의 표출이 격려되고 보다 일반적이 됨 • 손가락을 빨거나 고개를 돌림으로써 부정적 정서를 조절하려고 시도함	• 기쁨, 분노, 슬픔과 같은 얼굴 표정을 구분함
7~12개월	• 분노, 공포, 슬픔과 같은 1차 정서가 보다 분명해짐 • 정서적 자기조절이 향상됨 • 영아는 스스로 몸을 흔들거나 물건을 밟거나 혹은 불쾌한 자극으로부터 멀리 떨어짐.	• 타인의 1회적 정서에 대한 인식이 향상됨 • 사회적 참조가 나타남
1~3세	• 2차(자가-인식) 정서가 나타남 • 정서조절이 향상됨 • 걸음마기 유아는 그들을 짜증나게 하는 자극들로부터 스스로 거리를 두거나 조절하려는 시도를 보임	• 걸음마기 아동은 정서에 대해 말하기 시작하고 정서가 놀이에 나타남 • 감정이입적 반응이 나타남
3~6세	• 정서조절을 위한 인지적 책략이 나타남 • 정서를 감추거나 간단한 표출규칙과 일치됨	• 정서의 외적 원인과 결과의 이해가 향상됨 • 감정이입적 반응이 보다 공통적이 됨

출처: 송길연 · 장유경 · 이지연 · 정윤경 옮김(2005). 발달심리학. 시그마프레스.

05 아동 및 청소년기 정서의 특징

내재화 정서 문제는 위축, 신체적 증상, 우울, 불안과 같은 형태로 나타난다. 먼저 위축 행동은 자신감이 부족하고, 사회적으로 움츠러드는 행동을 말한다(Achenbach, 1991). 위축된 아동 및 청소년은 보통 다른 사람과의 접촉을 피하고 대화를 하지 않으며 혼자 놀거나 사람이나 동물보다 장난감을 더 좋아하는 모습을 보인다. 또한 울거나 손가락을 빨기도 하고, 오줌을 싸는 것과 같은 유아 시절의 행동을 보이는 퇴행적 행동을 보이기도 한다(김화영, 2009).

뿐만 아니라 어려운 상황을 모면하기 위하여 학교에 지각하거나 결석하는 등의 회피 행동을 보이기도 한다(한미현, 1993). 내재화 정서 문제를 가지고 있는 아동 및 청소년은 의학적으로 뚜렷한 원인이 없음에도 불구하고 신체적 통증이나 피로를 호소하기도 한다. Hunter는 이러한 의학적 원인이 밝혀지지 않는 신체적 증상은 마음의 고통을 신체의 아픔으로 투사한 결과라고 하였다(김화영, 2009). 이처럼 심리적 갈등이 신체적 증상으로 나타나기도 한다. 이러한 신체적 증상에는 근육통, 두통, 소화불량, 만성 피로, 현기증, 숨가쁨 등이 있다. 보통 여러 증상을 함께 보이거나 한 가지 증상이 사라지면 이어서 다른 증상이 나타나는 경우가 많아서 신체적 증상을 정확하게 진단하기가 모호하다. 따라서 이러한 신체적 증상을 겪는 아동 및 청소년은 학업이나 활동을 수행하는 것에 어려움을 느끼고 쉽게 무능해지며 환경에 적응하기 어려워하는 모습을 보인다(신현균, 2000).

특히 많은 아동 및 청소년은 학업이나 교우 관계, 자신이 경험한 치명적인 사건, 예상치 못한 공포 등으로 인해 불안한 정서를 느낀다. 김창수(1989)는 이와 같이 마음이 답답하거나 고통스러울 정도로 불편한 상태, 참기 어려울 정도의 공포와 함께 고조된 긴장상태 또는 막연한 걱정과 더불어 위험이 다가오는 느낌을 불안이라고 정의하였다. 이처럼 불안(anxious)은 지나치게 걱정이나 염려가 많거나 두려워하는 정서를 말한다.

보통 일반적인 사람들도 상황에 따라 이러한 불안을 경험하기도 하지만 주관적으로 경험하는 불안의 감정이 지나치게 심한 경우에는 정신 질환의 문제로 본다. 아동 및 청소년의 경우에도 많은 불안을 경험하는데 이로 인하여 학교 공포증, 사회 공포증, 외상 후 스트레스 장애, 강박 장애 등을 경험하게 된다(오경자, 이혜련, 1990).

한편, 외현화 정서 문제를 가지고 있는 아동 및 청소년은 주의력이 부족하고, 공격성이 강하며 비행이나 싸움, 절도 등과 같은 문제 행동을 보인다(Achenbach, 1991). 최근 외현화 정서 행동 문제를 가지고 있는 아동 및 청소년 중 많은 아동 및 청소년이 '주의력 결핍 과잉행동장애(ADHD)'를 겪고 있다. 이 ADHD는 외현화 행동 문제를 가지고 있는 아동 및 청소년이 보이는 대부분의 문제 행동을 나타내고 있다.

이 아동 및 청소년은 외부자극에 의해 쉽게 산만해져서 자신이 하고 있던 활동을 쉽게 잊어버리는 특성을 가지고 있다(Douglas, 1983). 또한 ADHD 아동 및 청소년은 불필요한 움직임이 많고, 지나치게 말이 많기 때문에 교실에서 조용히 앉아 수업에 집중하지 못하고 부적절하게 이동하거나 떠드는 경우가 많다(Lurk, 1985). 이러한 주의력 결핍으로 인해 학습이나 활동에 집중하지 못하므로 학업에 있어서 좋은 성과를 거두지 못하고, 임무를 잘 수행하지 못한다(강영만, 2001). 뿐만 아니라 충동성이 커서 성급하게 행동하거나 차례를 지키지 못하고, 다른 사람의 행동을 방해하는 경우가 많이 있다(Barkley, Dupal & McMurry, 1990).

정서심리의
이해

CHAPTER 01 정서이론의 유형

CHAPTER 02 정서의 구조

CHAPTER 03 정서와 두뇌

CHAPTER 01

정서이론의 유형

일반적으로 정서를 유발하는 원인이나 과정에 대한 이론은 매우 다양하다. 그러나, 크게 생물학적 관점과 인지적 관점으로 <표 1>과 같이 구분할 수 있다. 1960년대까지는 정서에 관한 연구는 대부분 진화론적, 심리생리학적, 신경생리학적 관점에서 이루어졌지만, 1960년대 들어와서 인지에 대한 관심이 증가하면서 정서는 인지에 의해 결정된다는 관점이 대두되었다.

◆ 〈표 1〉 정서이론의 분류

구분	특징
생물학적 관점	• 진화론, 심리생리학 이론, 신경생리학 이론 • 진화론: Darwin • 심리생리학 이론: James(자율신경계의 활성화가 정서 경험에 미치는 영향을 강조) • 신경생리학 이론: Cannon(정서 표현과 관련된 뇌의 기능 강조) • 진화심리이론, 차별적 정서이론, 얼굴 표정에 대한 이론, 사회생물학적 이론, 신경발화율 이론 등 발전
인지적 관점	• 평가이론, 귀인이론, 사회구성주의 이론 • 평가이론: Arnold와 Lazarus • 귀인이론: Weiner(사건 이후의 평가 강조) • 사회구성주의 이론: Averill(정서의 사회 문화적 측면 강조) • 여러 구성요소로 통합되는 구성요소 이론으로 발전

01 초기 이론

인간의 정서에 대한 관심은 고대 철학으로부터 출발한다. 고대에는 윤리학이나 인간 본성에 대한 관심이 중심이 되어 정서에 대한 관심은 없었다. 대표적인 초기 정서이론을 주장한 학자는 아리스토텔레스, 데카르트, 스피노자, 흄 등 <표 2>와 같이 정리할 수 있다(정옥분·정순화·임정화, 2007).

● 〈표 2〉 초기 정서이론을 주장한 학자

구분	특징
아리스토텔레스	• 육체와 영혼은 분리되어 있는 것이 아니라, 서로 관련되어 있음 • 정서는 신체적 감각뿐만 아니라, 신념, 기대 등 인지적 요소 포함 • 신념, 신체적 활동, 생리적 변화 등 정서의 본질적 요소 • 교육이나 습관을 통해 정서 조성 가능 • 정서는 인간이 어떻게 행동해야 하는가에 대한 강한 도덕적 신념
데카르트	• 정신과 신체가 서로 독립된 실체라는 심신이원론 • 정서를 신체적 동요나 흥분의 감정으로 인식 • 정서를 생리학적 분석 외에도 지각, 욕망, 신념 등의 정신적 언어로 묘사
스피노자	• 정서를 세상에 대한 그릇된 생각 또는 오해로 인식 • 정서는 활력을 증가시키거나 감소시키는 신체의 변화로 인식 • 본성과 쾌감으로 발생하는 능동적 정서와 외부로부터 발생하는 수동적 정서로 구분 • 수동적 정서로 인해 고통을 초래하고 활력(생명력) 감소 • 지혜, 이성을 통해서 정서 통제 시도
흄	• 정서는 신체적 또는 정신적 동요 • 정서이론은 정서를 야기하는 원인과 정서와 관련된 상황에 관한 이론 • 기쁨, 슬픔, 희망 등 직접적 정서(기쁨이나 고통의 감정에 의해 야기)와 사랑, 증오, 자부심 등 간접적 정서(기쁨이나 고통의 감정 외에, 특정 신념이나 특정인과의 관계도 포함)로 구분

02 진화론적 이론

진화론적 관점에서 바라보면 정서는 주변 환경의 위협에 효율적으로 대처하기 위한 인간 진화 과정의 흔적으로 볼 수 있다. Dawin(2004)에 의하면 인간의 정서는 주변 환경의 위협에 대처하기 위해 진화했기 때문에, 정서마다 독특한 신체적 각성 패턴이나 행동 표현 방식 등을 가지고 있다.

특히 정서에 대한 초기의 이론화는 얼굴 표정에 근거하였기에 인간이나 동물의 정서 표현은 얼굴 표정을 통해서 알 수 있을 뿐만 아니라, 선조시대부터 적응적 기능을 가진 타고난 행동으로 가장 잘 이해할 수 있다는 관점이다(Dawin, 1999). 이러한 정서에 대한 진화론적 관점은 오늘날까지도 영향을 미치고 있다.

따라서, 정서에 대한 진화론적 이론은 정서에 대한 주관적인 느낌보다 얼굴 표정, 자세, 몸짓 등과 같은 표현 행동에 초점을 두었다. 이러한 정서에 대한 진화론적 이론을 통해서 인간의 얼굴 표정, 자세, 몸짓에서 나타나는 정서를 비교함으로써 얼굴 표정의 보편성 및 정서 행동의 계통 발생적이라는 점을 확인할 수 있었다. 즉, 얼굴 표정을 통해서 정서 정보를 전달할 수 있다. 예를 들면 영유아가 기본 정서에 필요한 얼굴 표정을 만들어 낼 수 있고 타인의 얼굴 표정을 인식하고 모방할 수 있는 능력이 있다고 확인하였다는 점에서도 알 수 있다(Meltzoff, 1985). 이러한 영유아 시기의 정서 반응은 주변 인물로부터 정서적 상호작용의 영향이 비교적 덜 받았다는 점에서 학습된 것이 아니라, 선천적으로 타고난 진화의 산물임을 증명해 주고 있다(정옥분·정순화·임정화, 2007).

한편, 얼굴 표정의 보편성을 증명하기 위해 23명의 성인에게 얼굴근육에 낮은 전기 자극을 주어 나타나는 얼굴 표정을 찍은 사진을 보여 준 결과, 대부분 성인은 공포로 인한 전율이나 심한 고통으로 얼굴 표정을 인식하였으나, 일부 성인은 화가 난 얼굴 표정으로 인식하였다. 이러한 결과를 통해서 인간이 주변 환경에 적응해 나가는 과정에서 적응적인 가치를 지니고 있는 종의 특성은 유지되고 그렇지 못한 종의 특성은 도태된다는 자연토대의 법칙이 신체구조, 의사소통, 인지, 정서 등에도 적용될 수 있다는 점을 확인할 수 있다.

그러나, 정서에 대한 진화론적 관점은 위협에 대처하는 부정적인 정서의 설명에는 적합하지만, 기쁨, 즐거움, 행복 등 긍정적인 정서를 설명하지 못한다는 한계가 있다.

03 심리생리학적 이론

정서에 대한 심리생리학적 이론은 자율신경계, 내분비계, 내장기관 등과 같은 신체 기관의 생리적 변화를 중심으로 정서 반응을 설명한다. 미국 심리학자 James(1984)는 정서가 근육과 내부 기관들로부터 오는 감각을 필요로 한다는 이론을 주장하였다. 즉, 감각의 감소는 정서를 감소시킬 수 있다.

따라서, 정서는 특정 상황에 대해 신체가 반응하는 방식에 붙이는 이름으로서, 흥분을 일으키게 하는 사실을 지각하면 곧바로 신체 변화가 따르고, 그 신체 변화에 대한 느낌이 정서라 할 수 있다(James, 1984). James(1984)의 주장과 유사한 정서에 대한 이론을 주장한 덴마크 심리학자 Lange(1922)의 이론과 통합하여 James−Lange이론으로 발전시킨 심리생리학적 이론은 정서라는 심리 상태와 생리적 변화와의 연관성을 강조하였다.

James−Lange이론은 교감신경계의 각성 등과 같은 생리적 변화에 의해 정서 반응이 일어난다. 이는 환경에 효율적으로 잘 대처하기 위해 정서의 적응적 기능을 강조하는 진화론적 이론 즉, 정서 경험이 먼저 나타나고 그 후 신체 변화가 나타난다는 주장과는 반대된다.

[그림 1] 정서에 대한 진화론적 이론

예를 들면 무서운 동물을 만났을 때 먼저 벌벌 떨면서 도망을 가게 되고 이러한 행동의 결과로서 공포나 두려움이라는 정서를 경험하게 된다는 주장이 James−Lange이론이다. 즉, 특정 정서 상태인지 인식하기도 전에 떨거나 도망가는 생리적 반응이 나타나고 이러한 생리적 반응이 나타나지 않으면 정서를 경험할 수 없기 때문에, 생리적 변화가 선행되지 않은 정서적 경험은 존재할 수 없다. 이러한 James−Lange이론은 모든 정서에 적용되는 것이 아니라, 분노, 공포, 혐오, 슬픔의 정서에서만 독특한 자율신경계의 패턴이 나타난다.

| 특정 사건 및 상황 | ➡ | 생리적 변화 행동 | ➡ | 느낌 정서 |

[그림 2] 정서에 대한 James-Lange이론

그러나, James-Lange이론은 신체 변화가 선행되지 않으면 정서 경험이 일어나지 않는다고 하였지만, 정서 유형에 따라서는 교감신경계의 활성화가 없는 정서가 일어날 수 있다. 이는 신체 기관이 손상된 아동도 정서적 느낌이 손상되지 않고 동일한 정서반응을 보인다고 주장한 Ginsburg와 Harrington(1996)의 연구에서도 뒷받침할 수 있다. 또한, 신체 변화에 따라 정서를 경험하는 것이 아니라 정서적 경험 이후에 신체적 변화가 나타나고, 신체적 변화가 정서에 미치는 영향을 미미하다(정옥분·정순화·임정화, 2007).

04 신경생리학적 이론

자율신경계의 투쟁(fight) 또는 도피(flight) 반응을 최초로 설명한 Cannon과 Bard는 James−Lange이론을 반대하는 신경생리학적 이론을 주장하였다. 예를 들면 고양이의 자율신경계의 교감신경계를 제거한 상황에서 분노, 공포, 즐거움 등과 같은 정서 반응을 보인다는 사례에서도 알 수 있듯이, 신체 변화와 무관하게 정서 반응을 경험할 수 있다.

따라서, Cannon−Bard이론이라고도 하는 신경생리학적 이론은 정서 반응을 신체 기관의 생리적 변화로 설명하는 James−Lange이론과는 달리, 뇌와 정서 반응 간의 관련성에 초점을 두고 있다. 정서 반응이 다름에도 불구하고 교감신경계의 활성화에서 차이를 보이지 않는다는 사실을 근거로 Cannon(1929)은 정서를 뇌의 특정 영역에서의 활동의 결과로 이해하려고 시도하였다. 즉, Cannon은 분노, 공포, 즐거움, 갈등 등과 같은 정서에는 각각 다른 특정한 뇌 신경회로가 관여한다고 주장하였다. 이러한 정서적 행동은 편도체 등과 같은 뇌 피질하부에서 일어나는 정보처리와 근육통제에 좌우되는 것으로 보고 있다(Ledoux, 1997).

특히 신경생리학적 이론을 주장한 Cannon은 심리생리학적 이론인 James−Lange이론을 다음과 같이 비판하였다. 첫째, 신체기관의 변화가 정서를 유발하는 것이 아니라, 신체기관의 변화는 정서 표현에 영향을 미치지 못한다. 둘째, 공포, 분노 등 다른 정서에도 심장박동이나 혈당 증가, 아드레날린 분비, 동공 크기 증가 등 신체변화가 유사한 것으로 나타나서 James−Lange이론에 일치하지 않는다. 셋째, 내장기관은 둔감하고 반응 속도가 느려서 특정 변화가 있더라도 정서로 표현하기 어렵기 때문에, 뇌에 전달하여 정서 반응을 유발할 가능성은 거의 희박하다.

신경생리학적 이론은 정서를 통합하는 중추인 시상하부에서 피질로 전달되는 신경 반응이 정서적 경험의 근원이 되고 시상하부로부터 운동중추로 전달되는 신경 반응이 정서적 표현의 근원이 된다고 주장하였다(정옥분·정순화·임정화, 2007).

결론적으로 말하자면, Cannon−Bard이론은 정서의 인지 평가, 느낌과 정서,

생리적 변화 및 행동은 독립적으로 일어난다고 주장하고 있다([그림 3] 참조).

그러나, 갑작스러운 큰 소음은 정서의 느낌에 공헌하기에 충분히 빠른 1, 2초 안에 근육 긴장, 심장 박동 증가 등을 유발할 수 있고, 특정 상황에 있지 않을 경우에도 정서적 행동은 느낌을 변화시킬 수 있기 때문에(Shiota & Kalat, 2015), 신경생리학적 이론은 비판받을 수 있다.

[그림 3] 정서에 대한 Cannon-Bard이론

한편, Schachter—Singer이론은 James—Lange이론을 비판하면서 모든 정서가 아주 유사한 생리적 반응을 유발하기 때문에, 신체 반응을 관찰하는 것만으로는 어떤 정서를 느끼고 있는지 알 수 없다고 주장한다. 특정 상황에 관한 정보를 가지고 있는 모든 정보를 근거로 특정 정서를 느끼고 있는지 알아낸다(Schachter & Singer, 1962).

Schachter—Singer이론을 좀 더 자세히 살펴보면 무서운 동물을 본다고 해서 공포나 두려움을 느끼는 것이 아니라, 사육장 밖에 있거나 숲에 있는 무서운 동물을 만났을 때와 같이 위험한 상황이라는 것을 지각하거나 평가하였을 경우, 무서운 동물로부터 도망치기 위해 다양한 행동을 하고 그 후에 공포나 두려움이라는 정서를 느낀다.

[그림 4] 정서에 대한 Schachter-Singer이론

지금까지 살펴본 바와 같이, James – Lange이론은 생리적 변화와 행동이 정서를 결정하는 반면에, Cannon – Bard이론은 생리적 변화와 행동, 느낌 및 정서는 독립적이다. 또한, Schachter – Singer이론은 생리적 변화와 행동은 느낌의 강도를 결정하지만, 행동의 종류는 사건 및 상황에 대한 평가에 의해 결정된다.

예를 들어, 길을 가다가 호랑이를 만났을 경우 James – Lange이론은 "호랑이가 있다. 내 심장이 쿵쿵 뛴다. 나는 무서운 것이 틀림없다"라고 표현하고, Cannon – Bard이론은 "호랑이가 있다. 나는 무섭다. 내 심장도 쿵쿵 뛴다"라고 표현하지만, Schachter – Singer이론은 "심장이 쿵쿵 뛴다. 왜? 호랑이가 있다. 나는 무서운 것이 틀림없다."라고 표현한다.

05 생물학적 이론

정서에 대한 생물학적 이론은 <표 3>과 같이 8가지 유형으로 구분할 수 있다(Reeve, 2014).

◉ 〈표 3〉 정서에 대한 생물학적 이론 분류

구분	특징
Solomon(1980)	• 쾌락적으로 상반되는 뇌의 과정
Gray(1994)	• 뇌체계
Panksepp(1982)	• 피질하부의 신경해부학적 회로
Stein & Trabasso(1992)	• 가치있는 목표의 가능한 상태
Tomkins(1970)	• 신경발화 양상
Ekman(1994)	• 범문화적 얼굴 표정
Plutchik(1980)	• 구분되는 심리진화적 기능
Izard(1991)	• 분명한 기본 정서에 대한 동기와 체계

가. 심리진화론적 이론

Plutchik(1980)은 인간이 환경에 적응하기 위해서는 환경이 자신에게 이익과

손해에 대한 평가가 전제가 되어야 하며 환경을 평가하기 위해서는 인지적 능력도 뇌구조의 진화와 함께 진화해왔다는 심리진화론적 이론을 주장하였다.

Plutchik에 의하면 정서는 자극에 따라 파괴, 재생산, 합병, 지향, 보호, 재통합, 거부, 탐색 또는 일부의 조합으로 나타나는 구조화된 신체적 반응이다. 이러한 정서는 기본 정서 또는 1차적 정서가 있고 이들의 상호작용을 통해 다양한 정서가 생성된다는 생각이 포함된다. 기본 정서는 정서가 생존에 필요한 본능적 반응으로서, 기쁨, 수용, 놀람, 공포, 슬픔, 혐오, 기대, 분노 등 8가지로 구분할 수 있다([그림 5] 참조).

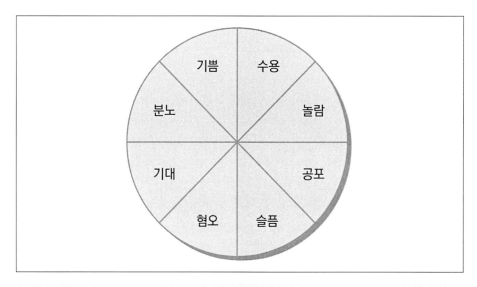

[그림 5] Plutchik의 기본 정서

[그림 5]에서도 알 수 있듯이, 8가지 기본 정서는 인간이 느끼는 위기와 그에 따라 발생하는 정서로 나눈 것이다. 이에 따라서 정서들은 기능적 목적을 가지며 인간이 살아가며 느끼는 위기와 자극에 적응하는 방법으로 경험된다.

특히 Plutchik(2003)는 정서 반응이 선행하여 생리적 변화가 나타난다고 주장하는 진화론적 이론과 생리적 변화가 선행한 후, 정서 반응이 나타난다고 주장하는 James-Lange이론을 혼합하여 정서 반응을 순환적 과정으로 설명하였다. 즉, 순환의 방향이나 목적은 인간의 균형 상태로 회복시키려는 생물학적 항상성의 개념과 결부시켜 설명하였다([그림 6] 참조). 이러한 정서의 순환적 과정은 적응적인 목적으로 이루어지는 순환적 과정으로 볼 수 있다(정옥분·정순화·임정화, 2007).

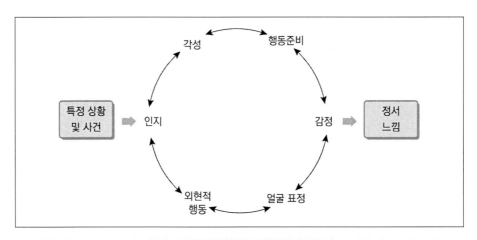

[그림 6] Plutchik의 정서에 대한 순환적 연쇄 모형

특히 Plutchik(2003)는 정서를 환경에 적응해 나가는데 도움이 되는 적응적 반응으로 간주하고 기본적 적응 반응을 보호, 파괴, 생산 등 세 가지 유형으로 구분하였다. 따라서, 일반적으로 한 개인이 특정한 정서 상태를 반복적으로 경험할 경우에는 그 사람의 성격 특성으로 간주한다. Plutchik(2000)가 주장한 정서와 관련된 파생 개념들을 정리하면 <표 4>와 같다.

◎ 〈표 4〉 Plutchik의 정서에 대한 파생 개념

주관적 언어	기능적 언어	특성적 언어	진단적 언어	자아방어 언어	대처양식 언어
공포	보호	수줍은	의존적, 회피적	억압	회피
분노	파괴	시비조의	반사회적	전위	대체
기쁨	애착	사교적인	정신분열적	반동형성	반전
슬픔	재건	우울한	히스테리성의	보상	교체
수용	합동	사람을 의심치 않는	연극적인	부정	최소화
혐오	거부	적대적인	과대망상적인	투사	흠잡기
기대	탐색	지배적인	강박신경증의	지성화	사상(寫像)
놀람	적응	우유부단한	경계선상의	퇴행	도움요청

8개 기본 정서가 인접한 두 가지 기본 정서를 결합하면 새로운 정서가 [그림 7]과 같이 나타나고 중앙에 있는 C는 정반대되는 또는 정반대에 가까운 정서가 혼합될 때 생기는 갈등을 의미한다(Plutchik, 2000).

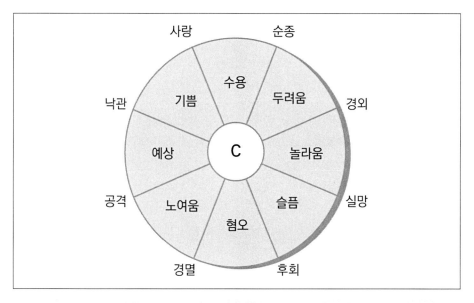

[그림 7] Plutchik의 다차원적 정서 모형 횡단면

또한, 정서를 표현하는 언어들은 강도나 유사성에서 차이가 있으며 상반되는 특성을 가진 것으로 분류할 수 있다. 먼저 강도의 차원에서 격분(rage)은 분노(anger)보다, 비탄(grief)은 슬픔(sadness)보다 더 강한 의미를 가지고 있다. 또한, 유사성의 차원에서도 노여움은 기쁨보다 혐오의 차원과 더 가깝고, 양극성의 차원에서도 행복은 슬픔과 상반되고, 사랑은 증오와 상반되는 정서로 인식한다.

따라서, Plutchik는 정서의 강도, 정서의 유사성, 정서의 양극성 세 가지 특징을 종합하여 팽이모양의 입체 모형을 만들 수 있다(Plutchik, 2000).

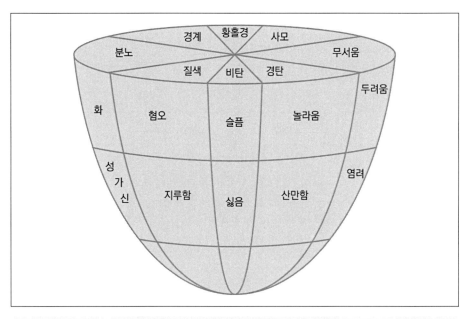

[그림 8] Plutchik의 다차원적 정서 모형

나. 차별적 정서이론

Izard(1991)는 기쁨, 흥미, 슬픔, 분노, 공포, 혐오 등과 같은 정서는 생의 초기에 나타나기 때문에, 행동을 동기화하고 조직하고 조절하는데 독특한 적응적 기능을 가지고 있으며 성격 발달이나 환경에 반응하는데 있어 개인차를 만드는 중요한 요인이 된다고 주장하였다. 즉, 기쁨, 흥미, 슬픔, 분노, 공포, 혐오 등과 같은 기본 정서는 인간 행동에 독특하면서 차별적이고 동기 유발적인 체계를 구성하며 각각 다른 목적을 위해 유발될 수 있다는 차별적 정서이론을 주장하였다. 이러한 상이한 정서들은 연속적인 것으로 존재하는 것이 아니라, 개별적인 각성 패턴을 가지고 있다(Ekman et al, 1983).

특히 차별적 정서이론의 특징을 요약하면 다음과 같이 정리할 수 있다(Izard, 1994). 첫째, 흥미, 기쁨, 놀라움, 고통, 분노, 혐오, 경멸, 수치, 죄책감, 두려움 등 10개의 기본 정서는 인간의 기본적인 동기 체계를 구성하고 있다. 둘째, 기본 정서는 독특한 주관적, 현상학적 속성을 가지고 있다. 셋째, 기본 정서는 독특한 얼굴 표정 패턴을 가지고 있다. 넷째, 기본 정서는 정서마다 특정한 신경발화율을 가지고 있다. 다섯째, 기본 정서는 서로 다른 행동결과를 유발하며 적응적 기능을 담당하고 있다.

한편, 기본 정서에 대한 차별적 정서이론은 Izard와 Abe(2004)가 더 발전시켜 다음과 같이 정교화하였다. 첫째, 기본 정서는 인간 행동의 일차적인 동기 체계를 구성하고 있기 때문에, 지각, 사고, 행동을 동기화하는 중요한 요소이다. 둘째, 기본 정서는 지각, 인지, 행동을 구조화하는 방식에서 뚜렷한 기능을 가지고 있기 때문에, 성격 발달에도 영향을 미칠 수 있다. 셋째, 개인에게 의미있는 상황에서는 일관성 있게 적절한 기본 정서가 활성화된다. 넷째, 기본 정서와 행동 간의 관계는 출생 초기에 형성되며 시간이 경과함에 따라 안정적으로 된다. 다섯째, 정서활성화의 역치, 정서의 경험, 정서 표현 빈도 및 강도의 개인차는 특정한 개인의 특성이나 성격 차원의 중요한 결정 요소가 될 수 있다. 여섯째, 기본 정서는 타고난 적응적 기능을 가지고 있지만, 정서, 인지, 행동 패턴 간의 문제로 인해 위협, 도전에 대한 반응에서 비적응적 행동을 유발할 수도 있다.

지금까지 살펴본 차별적 정서이론에 의하면 10가지 기본 정서는 인간이 가지고 태어난 것이고 전세계적으로 공통된 것이기 때문에, 특정 상황에서 유발되고 특징적 표현, 신체생리적 반응과 행동을 가지고 있으며 적응적 기능을 가지고 있고 문화적 관습이나 규칙에 의해 수정될 수도 있다(Izard, 1992).

다. 얼굴 표정 정서이론

얼굴 표정에 대한 정서이론은 얼굴 표정에 따라 정서가 형성된다는 말초이론과 내부의 정서 상태를 반영한 결과가 얼굴 표정이라는 중추이론으로 구분할 수 있다.

먼저 Tomkins(1962)는 인간의 의사결정, 행동을 동기화하고 조직화하는데 있어서 정서의 일차적 역할을 강조하고 얼굴 표정을 정서의 가장 중요한 구성요소로 강조하였다.

특히 Tomkins(1962)는 안면근육의 움직임이 얼굴 온도의 변화, 얼굴 피부의 분비선 변화를 유발하고 이로 인해 정서를 경험하게 되는 안면 피드백 가설(facial feedback hypothesis)을 주장하였다. 즉, 정서는 안면 행동으로부터의 감각적 피드백에 대한 인식의 결과이기 때문에, 정서적 얼굴 표출이 그것이 나타내는 정서 경험을 유발할 수 있다는 것이다.

1988년 독일의 심리학자 프리츠 슈트라크(Fritz Strack), 레너드 마틴(Leonard

Martin), 자비네 스테퍼(Sabine Stepper)는 피험자들에게 한 그룹은 볼펜을 코와 윗입술 사이에 물게 하고, 나머지 그룹은 볼펜을 위아래 어금니 사이에 물게 하였다. 이 상태에서 두 그룹에게 똑같은 만화를 보여준 후 나중에 얼마나 재미있게 보았는지 평가하였다. 그 결과, 어금니 사이에 볼펜을 물고 만화를 본 그룹이 훨씬 더 재미있게 보았다. 이는 볼펜을 코와 입술 사이에 물면 자연히 찡그리게 되고, 어금니 사이에 물면 저절로 웃는 얼굴이 되기 때문이다.

안면 피드백 가설을 뇌과학적으로 정리해 보면 다음과 같다(Izard, 1991). 먼저 내적 또는 외적 사건 및 상황이 발생하면 대뇌피질의 신경발화율의 변화가 일어나고 변연계가 감지하게 된다. 변연계로부터 감지된 충격은 기저핵으로 전달되고 기저핵에서는 신경 메시지를 얼굴 표정으로 조직하고 충격을 운동피질로 보내어 안면신경을 통해 특징적인 얼굴 표정을 만들어낼 수 있다. 즉, 안면신경을 통한 얼굴근육, 온도, 분비선의 변화는 뇌신경을 통해 감각피질에서 안면활동 정보를 수용하게 되며 마지막으로 피질에서 안면피드백 정보가 통합되면 정서 경험을 하게 된다([그림 9] 참조).

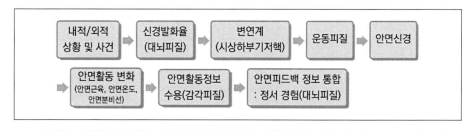

[그림 9] 안면피드백 가설에 대한 뇌과학적 고찰

특히 얼굴 표정에 따른 정서 반응의 예시를 살펴보면 [그림 10]과 같이 표현할 수 있다.

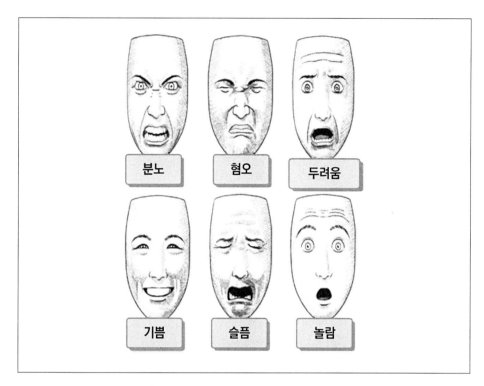

[그림 10] 얼굴 표정에 따른 정서 반응

안면 피드백 가설에 의하면 부정적인 정서와 관련된 얼굴 움직임은 호흡을 늦추고 뇌의 온도를 높여주어 부정적인 정서를 유발하는 반면에, 긍정적인 정서와 관련된 얼굴 움직임은 호흡을 빠르게 하고 뇌의 온도를 낮추어 긍정적인 정서를 유발한다(Zajonc et al, 1989). 이러한 얼굴근육의 움직임이 정서를 유발한다고 주장하는 말초이론의 관점은 신체 변화가 정서에 선행한다고 주장하는 James-Lange이론과 일치하고 있다.

그러나, 얼굴 표정에 따라 정서가 형성된다는 말초이론과는 반대로, 얼굴 표정은 내부의 정서 상태를 반영한 결과라고 인식하는 중추이론이 있다. 인간의 얼굴에는 80개의 안면근육이 있고 그 중에서 36개 안면근육이 얼굴 표정과 관련이 있다. 36개 중에서 8개의 안면근육은 기본 정서의 차이를 설명할 수 있다. 이러한 결과는 얼굴근육의 움직임과 얼굴 표정에 대한 연구를 실시한 Ekman과 Friesen(1975)의 연구에서 특정 정서를 표현하는 기본적인 얼굴 표정을 부호화하고 그 목록을 만들었다는 점에서도 뒷받침하고 있다.

그러나, 얼굴 표정의 중추이론의 문제점은 다음과 같다(정옥분·정순화·임정화, 2007). 첫째, 얼굴 표정이 정서와 반드시 일치하지 않는다. 둘째, 기본 정서 외에 여러 혼합 정서에서 나타나는 얼굴 표정은 아직 규명되지 않고 있다.

라. 사회생물학적 정서이론

일반적으로 사회생물학은 동물의 사회적 행동을 체계적으로 연구함으로써 한 개체의 적응이나 생존보다는 유전자의 계승을 강조한다. 이러한 유전자는 이기적인 구조를 가지고 있기 때문에, 자신의 생존을 보장받기를 기대한다.

특히 Owren과 Bachorowski(2001)의 연구에서 타인과의 의사소통에 대한 전통적인 진화론적 관점은 송신자가 자신의 긍정적 정서를 솔직하게 표현하는 것은 수신자에게 자신의 내적 상태에 대한 생생한 정보를 제공하지만, 이기적인 유전자적 관점에서 보면 송신자에게는 솔직한 정서 표현은 솔직하지 않거나 기만적인 의사소통보다 덜 적응적이라 할 수 있다.

이러한 한계를 극복하기 위해 정서에 대한 문화적인 영향을 강조하는 사회구성주의자들은 이론을 통합함으로써 진화심리학의 관점을 확장시켰다. 즉, Keltner과 Haidt(2001)는 Owren과 Bachorowski(2001)의 주장에 동의하면서 정서와 사회적 관계에 문화가 영향을 미칠 수 있다는 주장을 하였다.

따라서, 사회적·문화적 상호작용의 맥락에서 정서의 역할에 대한 탐색이 필요하기 때문에, 통제된 상황에서의 정서 연구로부터 사회적 상호작용과 문화적 관습의 맥락에서의 정서 연구로 변화해야 한다.

마. MacLean 정서이론

뇌간, 변연계, 대뇌피질 등 삼층 구조의 뇌를 주장한 MacLean(1986)은 인간의 정서 발달에서 변연계의 기능을 강조하였다. 즉, 공포, 분노, 애정 등과 같은 정서는 변연계의 영향을 받고 대뇌피질도 인간 정서와 관련된 고도의 기능적 역할을 담당한다.

특히 MacLean(1985)의 연구에 의하면 거칠고 위험한 동물의 측두엽이 손상되면 수동적이고 유순해지며 강한 성욕을 보이는 반면에, 편도체를 자극하였을 때 먹기, 탐색하기, 싸우기 관련 행동을 하고, 해마를 자극하였을 때 성기가 발기하고 몸을 치장하는 행동이 나타났다. 따라서 편도체와 해마가 포함된 변연계는 정서와 매우 밀접한 관련이 있다는 것을 알 수 있다.

바. Heath 정서이론

Heath(1992)에 의하면 대뇌피질의 여러 곳에 자극을 가해도 정서에는 아무런 영향이 없지만, 피질하부를 절제하면 정서뿐만 아니라, 기억에도 심각한 손상을 보인다. 따라서, 대뇌피질 하부의 기능을 밝히는 연구에서 쾌감을 경험할 때는 뇌의 중격영역에서 신경 변화가 일어나고 불쾌감을 경험할 때는 해마나 편도체의 변화가 나타났다. 이러한 결과를 통해 변연계를 정서의 중추로 보는 제한적인 관점에서 벗어나, 기존의 신경학적 관점을 확장시켜 뇌의 중격이나 해마, 편도체 외에도 뇌의 여러 영역이 정서와 관련되어 있다는 것을 알 수 있다(정옥분·정순화·임정화, 2007).

사. 신경발화율 정서이론

특정한 뇌의 부위가 정서와 관련이 있다고 주장한 Cannon, MacLean, Heath 등과 유사하게 Tomkins(1970)는 정서에 따라 신경발화율이 차이가 있다고 주장하였다. 신경발화는 일정 시간 내에서 일어나는 전기적 피질 활동의 패턴을 의미하는데, 이러한 신경발화는 증가, 감소, 유지 등 세 가지 기본 패턴이 있다(정옥분·정순화·임정화, 2007).

다시 말해, 신경발화율이 높아지면 놀람, 공포, 흥분 등과 같은 정서를 경험하게 되고, 반대로 낮아지면 긴장을 푼 상태에서 미소짓는 것처럼 기쁨 등과 같은 정서를 경험하게 된다.

특히 특정 정서를 경험하는 것은 신경발화율의 증가 속도에 의해 좌우되는데, 신경발화율이 점진적으로 증가하면 흥미의 정서를 경험하게 되고, 중간 정도에서는 공포의 정서를 경험하게 되며, 급격하게 증가하면 놀람의 정서를 경험하게 된다([그림 11] 참조). 또한, 신경발화율이 증가하여 높은 발화율 상태에 머물러 유지하게 되면 고통이나 분노의 정서를 경험하게 된다. 이러한 패턴의 신경활동을 통해 인간은 모든 상황을 대처해 나갈 수 있다.

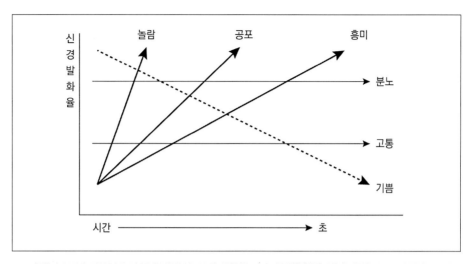

[그림 11] 신경발화율과 정서 경험의 관계

아. Panksepp 정서이론

Panksepp(2000)에 의하면 정서는 뇌의 활동을 통합하는 유전적인 신경회로에 의해 유발되기 때문에, 유전자와 뇌회로가 정서 경험에 필수적이다. Panksepp는 감각기관이나 대뇌피질, 변연계, 신경계 등과 같은 다른 부위로 정보를 전송하는 정서명령회로를 <표 5>와 같이 7개 제시하였다.

◉ 〈표 5〉 정서명령회로 유형

구분	특징
탐색체계	• 개체가 환경과 상호작용하는 측면을 통제하는 체계 • 동물은 탐색체계와 관련된 뇌영역을 스스로 자극 • 인간은 자신이 속해있는 환경을 탐구하고 이를 통해 얻을 수 있는 보상을 예측 • 외측 시상하부
격분체계	• 분노의 유발을 통제하는 체계 • 편도의 내측 핵과 시상하부의 내측 핵
공포체계	• 공포를 통제하는 체계 • 내측 시상하부

구분	특징
성욕체계	• 성적 욕구를 관장하는 체계 • 성 호르몬의 영향 • 피질 내측 편도, 복내측 시상하부
양육체계	• 수용과 양육을 관장하는 체계 • 암컷이 수컷보다 양육, 수용행동이 강한 이유 설명 • 복측 피개 영역(중뇌)
공황체계	• 분리나 고통, 공황을 관장하는 체계 • 장기간 보살핌을 필요로 하는 유기체의 생존과 관련 • 복내측 시상 영역
놀이체계	• 아동기 놀이와 사회적 지배성을 관장하는 체계 • 복내측 간뇌

자. Gray 정서이론

Gray(1994)에 의하면 행동접근 시스템, 투쟁 또는 도피 시스템, 행동억제 시스템 등 세 가지 형태의 신경회로가 존재하기 때문에, 각각 상이한 정서에 적용한다(<표 6> 참조).

◐ 〈표 6〉 신경회로와 정서의 관계

구분	특징
행동접근 시스템	• 환경을 탐색하고 환경과 상호작용할 수 있도록 준비시켜 주는 시스템
투쟁 또는 도피 시스템	• 위험한 상황에서 유기체로 하여금 도피하게 하거나 공격적으로 방어할 수 있도록 준비시켜 주는 시스템
행동억제 시스템	• 위험한 상황에서 꼼짝할 수 없게 하는 기능

06 인지적 이론

　정서의 인지적 이론을 강조하는 학자들은 특정 사건의 의미와 중요성에 대한 평가 과정 없이 정서 반응은 나타날 수 없기 때문에, 정서를 예측하고 통제하기 위해서는 인지활동의 심층 구조와 연결시켜야 한다고 주장하였다. 이러한 평가의 중요성을 강조하는 인지적 이론의 대표적인 학자는 Arnold, Lazarus, Scherer, Scherer, Weiner 등이 있고 크게 평가이론과 귀인이론으로 구분할 수 있다.

가. 평가이론

　평가이론은 자신의 관심, 목표, 안녕과 관련된 상황이나 대상에 대한 판단으로서, 상황의 특성이나 대상에 대한 기대, 과거의 기억 등에 의해 이루어지기 때문에, 대상이나 상황이 자신에게 어떤 영향을 줄 수 있을지를 판단하게 되고 정서적 경험과 신체 변화가 나타날 수 있다(정옥분·정순화·임정화, 2007).

　특히 Arnold(1960)은 특정 상황이나 자극이 자신에게 득이 될지 또는 해가 될지에 대한 평가가 이루어진 후, 정서가 나타나기 때문에, 평가가 정서의 가장 중요한 요소라고 주장하였다. 즉, 특정 자극이나 상황이 자신에게 득이 된다고 평가하는 경우에는 탐색하거나 접근하는 행동이나 정서를 보이는 반면에, 자신에게 해가 된다고 평가하는 경우에는 회피하거나 도움을 청하는 행동이나 정서를 보인다(Plutchik, 2003).

　또한, 평가는 변연계와 대뇌피질에 의해 이루어지기 때문에 특정 자극에 대한 평가가 이루어지면 정서는 자동적으로 유발되고, 이러한 정서는 정서를 유발하는 대상을 향해 접근하거나 회피하는 행동을 하도록 동기를 유발하게 된다(정옥분·정순화·임정화, 2007). 평가에 의한 정서 반응이 일어나는 인지적 이론을 도식화하면 [그림 12]와 같다.

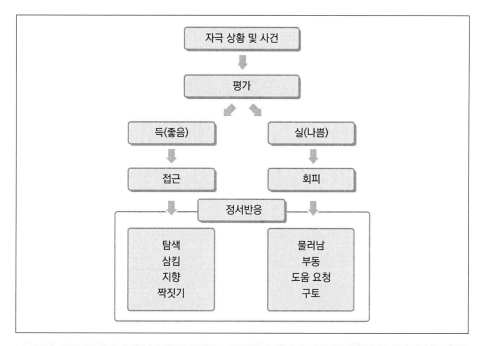

[그림 12] Arnold의 정서 반응에 대한 인지적 이론

한편, 정서는 평가에 의해 영향을 받는다는 Arnold와 같은 주장을 하는 Lazarus(1991)는 평가를 일차적 평가와 이차적 평가로 구분하여 설명하였다. 특정 상황에서 일차적으로 자신이 처한 상황이나 사건이 자신의 득과 실이 되는지 평가한 후, 자율신경계가 활성화되어 자극에 적응할 수 있는 준비를 하게 하는 이차적 평가를 실시한다. 이러한 이차적 평가는 특정 상황에서 어떻게 대처할 것인지에 대한 대처 방안을 평가하게 되고 정서를 유발하게 된다. 대처 반응이 성공적이면 자율신경계의 활성화는 사라지는 반면에, 성공적이지 못하면 자율신경계의 활성화 수준이 지속적으로 높게 유지될 수 있다([그림 13] 참조).

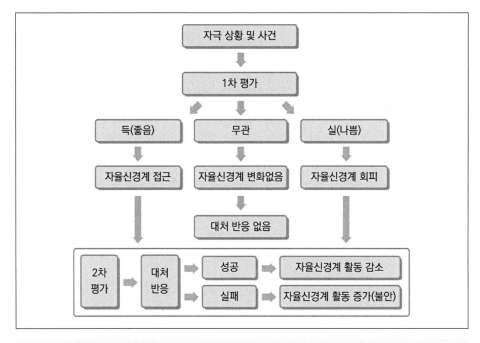

[그림 13] Lazarus의 정서 반응에 대한 인지적 이론

그러나, 인지적 평가 후 정서 반응에 영향을 미친다는 인지적 이론에 반대하는 Zajonc(1984)에 의하면 인지와 정서는 두 개의 독립된 체계이며 동시에 작용하기도 하며 정서 반응은 인지적 평가 없이도 일어날 수 있다. 즉, 제시된 자극이 무엇인지 정확히 평가하기 전에도 좋아하거나 싫어하는 반응이 일어날 수 있다.

Zajonc(1980)에 대한 생각은 다음과 연구 결과를 통해서 뒷받침할 수 있다. 첫째, 정서는 언어로 표현하기 어렵기 때문에, 언어에 근거하지 않는 비인지적 측면을 가질 수 있다. 둘째, 정서적 경험은 뇌에 전기자극을 주거나 안면근육을 변형시키는 등과 같은 비인지적 과정에 의해 유도될 수 있다. 셋째는 인지발달 수준이 낮은 유아나 동물에서도 나타날 수 있다. 이러한 Zajonc의 주장에 반대한 Lazarus는 특정 자극을 평가하기 위해서는 반드시 상세한 정보를 필요하지 않으며 순간적으로 알 수 있다고 반박하였다. 즉, 평가는 자동적, 무의식적으로 이루어지며 이를 의식적으로 인식하지 못하더라도 결과에 대한 인식은 가능하다고 Lazarus는 주장하였다.

나. 귀인이론

귀인이론에서는 평가를 통한 정서유발 과정을 상황 – 결과 – 귀인 – 정서의 도식으로 설명하고 있다(Weiner, 1986). 즉, 스포츠 경기에서 이겼을 경우, 자신에게 능력에 귀인하면 자긍심을 느끼지만 타인의 도움으로 귀인하면 다른 사람에게 고마움을 느낄 수 있다. 이와 같이 어떻게 귀인하느냐에 따라 다른 정서를 경험할 수 있다.

따라서, 정서에 대한 귀인이론은 사건과 상호작용하기 이전이나 상호작용이 진행되는 과정뿐만 아니라 결과가 나타난 이후까지의 평가를 강조하고 있다.

07 사회문화적 이론

정서에 대한 사회문화적 이론은 정서가 사회적 상호작용의 영향을 받는다. 즉, 정서는 각 개인이 소속된 문화적 틀을 고려하지 않고는 이해할 수 없는 사회구성주의적 관점의 문화이론이 대두하였다. 따라서, 정서는 사회화의 산물로서, 한 개인이 소속된 문화는 사회적 상호작용이나 사회화 과정을 통해 개인의 정서 반응에 영향을 미칠 수 있다.

예를 들면, 특정 사건이나 상황이 일어났을 경우, 동일한 정서 반응을 보이는 이유는 정서적 전염 때문이다. 정서적 전염은 다른 사람들이 타인의 얼굴 표정, 말투, 몸짓이나 동작을 자연스럽게 모방하고 일치시킴으로써 타인과 일치를 이루려는 경향성으로서, 한 문화권에서 생활하는 사람들은 동일한 사건에 대해 유사한 정서 반응을 보일 수 있다.

Averill(1985)에 의하면 정서는 사회적, 문화적 맥락에서 가장 잘 이해될 수 있기 때문에, 사회적 상황이 바뀌면 정서도 변화하고 한 개인이 자신이 속한 사회의 문화적 기준을 내면화하게 되면 자신이 느끼는 정서를 평가하게 된다.

특히 정서는 사회적 가치나 규범을 유지하고 사회적 역할이나 계층구조를 강화할 수 있다(정옥분·정순화·임정화, 2007). 또한, 정서는 사회적 상호작용에 영향을 미치기도 하지만, 정서가 사회적 관습에 의해 조절되기도 한다(Hochschild, 1990).

한편, 정서를 사회화시키기 위해 문화는 다음과 같은 방식으로 영향을 미칠 수 있다(정옥분·정순화·임정화, 2007). 첫째, 문화는 어떤 정서를 표현해야 할지, 어떤 행동이 정서 표현으로 수용될 것인지를 결정할 수 있다. 둘째, 문화는 어떤 상황이 특정한 정서를 유발시키는지에 영향을 미칠 수 있다. 셋째, 문화는 복잡한 정서를 조절할 수 있다.

08 통합적 이론

최근 정서이론은 정서가 상호연관된 여러 복잡한 구성요소를 포함하고 있으며 서로 연관되어 상호간에 영향을 줄 수 있기 때문에, 통합적 이론에서 정서 반응을 바라보는 시도가 일어나고 있다.

가. 2요인 이론

교감신경계의 활성화 수준이 대부분의 정서에 동일하기 때문에, 두뇌 특성에 의해 정서 반응이 일어난다고 보고한 Cannon의 주장과 교감신경계의 활성화가 정서 반응에 크게 영향을 미친다고 보고한 James의 직관도 수용하는 통합적 이론이 대두되었다. 즉, Schachter와 Singer(1962)는 정서를 경험하기 위해서는 교감신경계의 각성과 더불어, 정서적인 것으로 명명하는 인지적 과정이 있어야만 한다는 정서의 2요인 이론을 주장하였다.

특히 2요인 이론은 정서에 대한 인지적 요소와 사회적 요소를 포함하고 있다는 점에서 있다(정옥분·정순화·임정화, 2007). 즉, 정서에 대한 인지적 요소를 강조함으로써 사회나 문화가 정서 형성에 기여할 수 있다(Greenwood, 1994).

2요인 이론 중에서 Buck(1984)에 의하면 인간은 인류의 진화과정에서 발생하는 생리적 정서 시스템과 인간이 점차 대뇌의 통제를 받고 문명생활을 함으로써 발생하는 인지적 정서 시스템을 가지고 있다. 다시 말해, 생리적 정서 시스템은 대뇌피질 하부 구조와 경로를 통해 자동적, 무의식적으로 반응이 이루어지고, 인지적 정서 시스템은 대뇌피질 구조와 경로를 통해 의식적인 평가가 이루어지고 있기 때문에 2가지 시스템은 정서를 활성화하고 조절하기 위해 상호작용할 수 있다([그림 14] 참조).

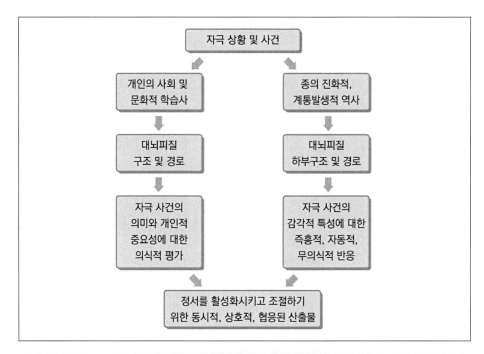

[그림 14] Buck의 2요인 정서이론

나. 구성요소 이론

구성요소 이론은 선행 사건, 평가 과정, 행동 준비도, 표현 행동, 조절 과정 등 정서의 다차원적 본질을 강조한다.

특히 Frijda(1986)와 Scherer(1984)는 정서의 구성요소로 선행 사건에 대한 평가, 행동 준비도, 표현되는 몸짓, 음성, 얼굴 표정, 생리적 변화, 의식적 경험 등으로 제시하고 있다. 이러한 구성요소들은 상호간에 영향을 미치기도 하고 독립적인 요인으로 볼 수도 있다.

따라서, 정서의 구성요소 이론은 단일 차원이나 관점으로 정서를 바라보는 것이 아니라, 생물학적, 인지적, 사회문화적 등 다양한 접근 방법이 상호관련성이 있기 때문에 정서에 대한 보다 심층적인 이해를 위해서는 모든 분석 수준에 대한 지식을 필요로 한다.

CHAPTER 02

정서의 구조

01 기본 구조 모형

　다양한 정서들은 유사성이나 일정한 규칙에 따라 조직화하고 구조화함으로써 정서의 본질을 보다 명확하게 이해할 수 있다. 정서의 구조를 설명하는 모델은 기본 구조 모형, 차원 구조 모형, 위계 구조 모형 등이 있다.

　일반적으로 개별 정서는 기본 정서와 복합 정서로 구분되는데, 기본 정서는 일차 정서이고 복합 정서는 이차 정서 또는 자기 의식적 정서, 자기 평가적 정서 등으로 불린다.

　특히 기본 정서는 출생시부터 가지고 있는 선천적인 반응이다(Camras, 1992). 즉, 기본 정서는 생래적으로 타고 난 것이며, 연령이나 문화권과 관계 없이 동일한 상황에서 모든 사람에게 일어나며 얼굴 표정을 통해 변별이 가능하며 변별가능한 생리적 반응을 유발한다는 특성이 있다(Ekman & Davidson, 1994). 또한, 기본 정서는 뇌구조, 생리적 활동, 얼굴 표정, 평가 양식이나 행동 준비도 등으로 규명할 수 있다(정옥분·정순화·임정화, 2007).

　특정 상황에 대해 직접적으로 반응하는 내적 상태로서, 기쁨, 슬픔, 공포, 놀람, 분노 등이 있다(Cicchetti, Ackeman, & Izard, 1995). 복합 정서는 인지 능력의 발달에 따라 나타나는 반응으로서, 기본 정서들의 연합으로 발생하며, 자부심, 죄책감, 공감, 수치심 등이 있다. 즉, 복합 정서는 기본 정서가 변형, 정교화, 혼합된 것으로 볼 수 있다.

한편, 기본 정서가 존재한다는 주장은 다음과 같은 사실로 뒷받침할 수 있다 (정옥분·정순화·임정화, 2007; Shiota & Kalat, 2015).

첫째, 기본적인 정서를 주장하는 기본 정서 목록들이 대략적으로 일치하고 있다.

둘째, 각각의 기본 정서는 얼굴 표정, 음성 톤, 다른 행동 등을 포함하여 별 개의 표현 양식을 가지고 있기 때문에, 인간들 사이에 보편적이다.

셋째, 기본 정서는 생애 초기에 분명하게 나타나고, 특정 뇌 영역의 활동 증가, 신체적 특정 패턴의 효과 등과 같이 생리적으로 독특하다.

학자들마다 기본 정서인 1차적 정서를 분류한 목록을 살펴보면 <표 7>과 같이 정리할 수 있다. 기본 정서에 대한 관점은 차이가 있으나, 공포, 분노, 혐오, 슬픔, 기쁨, 놀람 등과 같은 정서는 공통적으로 기본 정서로 제시하고 있다.

⊘ 〈표 7〉 기본 정서의 목록

구분	분류 근거	기본 정서 갯수	정서 목록
Plutchik(1980)	진화적 기능	8개	분노, 혐오, 슬픔, 놀람, 공포, 수용, 기쁨, 기대
Tomkin(1970)	신경발화 패턴	9개	공포, 분노, 놀람, 흥미, 혐오, 즐거움, 수치심, 경멸, 고통
Izard(1991)	동기화 시스템	10개	분노, 공포, 고통, 즐거움, 혐오, 놀람, 수치심, 경멸, 흥미, 죄책감
Panksepp(1982)	대뇌피질 하부 신경전달물질 회로	4개	공포, 분노, 공황, 기대
Ekman(1992)	보편적 얼굴 표정	6개	공포, 분노, 행복, 혐오, 슬픔, 놀람
Fehr & Russel(1985)		5개	공포, 분노, 슬픔, 행복, 사랑
Sroufe(1979)		3개	공포, 분노, 유쾌함

그러나, 기본 정서는 다음과 같은 점에서 비판을 받을 수 있다(Ortony & Turner, 1990). 첫째, 실제로 기본 정서 보다 많은 수의 정서가 존재하고 있다. 둘

째, 정서마다 다른 특징적인 생리적 반응이 존재하는 것이 아니라, 동일한 생리적 반응을 보이면서도 다른 정서가 나타날 수 있다. 셋째, 일반적으로 원형적 속성에 포함되는 사랑, 증오, 연민, 감정이입, 갈망 등과 같은 정서와 기본 정서 목록과는 차이가 있다. 넷째, 기본 정서는 범주화 수준이나 조직화 방식에 따라 다양한 방식으로 존재할 수 있다.

02 차원 구조 모형

차원 구조 모형은 정서들 간의 중요한 유사성이나 차이점을 파악할 수 있는 소수의 차원을 탐색할 수 있다. 이러한 모형은 두 개의 요인 또는 차원이 정서들 간의 차이를 설명하는데 적절하다.

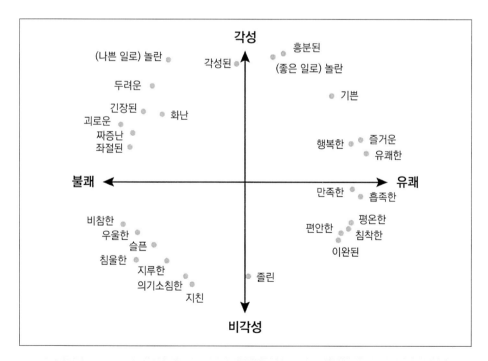

[그림 15] 정서의 2차원 구조 모형

일반적으로 차원 구조 모형은 유쾌함-불쾌함과 관련된 차원과 정서의 활성화나 각성, 강도 등과 관련된 차원 등 두 가지 차원으로 [그림 15]와 같이 구분할 수 있다(Russell & Barrett, 1999).

정서의 차원 구조 모형은 행복한, 기쁜 등과 같은 정서는 유쾌함과 각성 정도가 높은 1사분면에 해당하고 화난, 두려운, 짜증난 등과 같은 강한 부정적인 정서는 불쾌함과 각성 정도가 높은 2사분면에 해당하며, 슬픈, 지친, 우울한 등과 같이 약한 부정적 정서는 불쾌함은 높지만, 각성 정도가 낮은 3사분면에 해당한다. 또한, 편안한, 이완된, 만족한 등과 같은 긍정적 정서는 유쾌함은 높지만, 각성 정도가 낮은 4사분면에 해당한다. 이러한 2차원 구조는 타원의 형태로 이루어지고 있기 때문에, 원형 모델(circumplex model)이라고도 한다.

그러나, [그림 15]에서도 알 수 있듯이, 정서의 차원 구조 모형은 반드시 원상에 위치하지 않고 타원형 보다는 괄호와 같은 형태로 배열될 수 있다.

한편, Plutchik(1980)은 정서들의 관계를 설명하는 2차원 구조 모형이 적합하지 않다고 지적하면서, 3차원 구조 모형인 '정서의 수레바퀴'라고 불리는 새로운 정서 원형 모형을 제시하였다.

특히 3차원 구조 모형은 정서의 유사성, 강도 및 양극성 차원으로 정서를 분류하였다. 즉, 정서의 의미와 그 의미가 가진 강하고 약한 수준에 따라 유사성과 강도 차원이 결정되며, 이는 차원상에 근접하게 위치하고 있다. 그리고 의미가 서로 반대되는 정서는 양극성 차원을 규정하며, 양극에 멀리 자리하고 있다는 것이다. 이를테면, 기쁨과 수용은 의미가 서로 유사한 반면에, 슬픔과는 반대되는 정서로 분류된다. 또한, 강도의 수준에 따라 약한 강도의 슬픔은 강한 강도의 분노와 구분할 수 있다.

그러나, 차원 구조 모형은 다음과 같은 점들을 비판받고 있다.

첫째, 차원 구조 모형은 정서 자체가 아니라, 자기보고식 정서 구조를 반영하고 있다(Izard, 1994).

둘째, 정서는 차원론적 형태로 경험할 수도 있지만, 불연속적으로 경험할 수도 있다(Feldman, 1995).

셋째, 차원 구조 모형은 상황과 관계 없이 정서를 2차원 또는 3차원 공간의 정해진 위치에 고정시키려 한다(정옥분·정순화·임정화, 2007).

넷째, 차원 구조 모형은 긍정적 정서와 부정적 정서가 상호간에 상관관계가 없다고 가정하지만, 실제로는 정서의 강도나 측정시기 등에 따라 긍정적 정서와 부정적 정서의 상관관계는 달라질 수 있다(Parkinson et al, 1996).

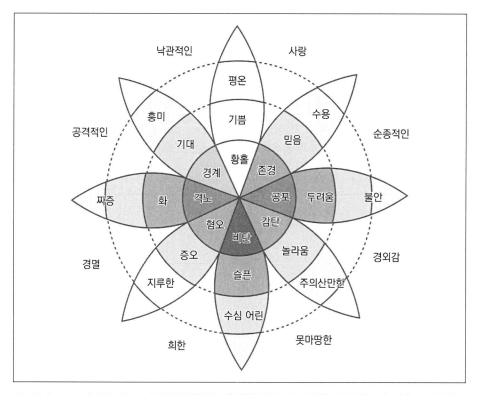

[그림 16] 정서의 3차원 구조 모형

03 위계 구조 모형

Rosch(1999)에 의하면 정서의 범주화는 수평적 차원과 수직적 차원으로 구분되는데, 수직축은 상위 수준(예: 가구), 기본 수준(예: 의자), 하위 수준(예: 부엌의자)의 세 가지 수준으로 분류할 수 있다.

특히 Shaver 등(1987)은 여러 정서들 간의 관계를 어떻게 하면 가장 잘 구조화할 수 있는가에 대해 유사한 관점을 제시해 주고 있다. 각각의 정서가 다른 정서와 얼마나 다른가에 대해 질문한 후 자료를 분석한 결과, 가장 특징적인 정서 135개가 추출되었고 100개의 정서의 원형이 도출되어 애정, 기쁨, 슬픔, 분노, 공포의 5개 중간 수준(기본 수준)으로 분류되었다. 정서의 위계 구조 모형의 예시는 [그림 17]과 같이 도식화할 수 있다.

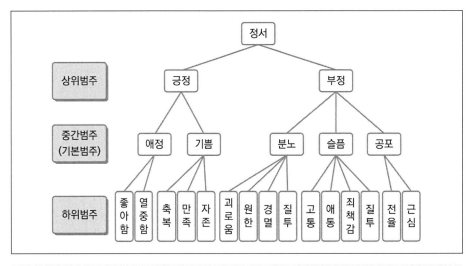

[그림 17] 정서의 위계 구조 모형

CHAPTER
03

정서와 두뇌

01 두뇌의 구조

가. 두뇌의 외부

인간의 두뇌의 구성요소는 물(78%), 지방(10%), 단백질(8%) 등으로 구성되어 있다. 그 중에서 성인 두뇌의 무게는 약 1,350g 정도로서 두뇌의 크기는 두 주먹을 맞대었을 때와 거의 비슷하다. 이러한 두뇌는 인간의 전체 체중의 약 2% 정도 차지하지만, 신체가 소모하는 에너지의 약 20% 정도를 소모한다. 이는 신체 기관 중에서 두뇌가 고도의 복잡한 작용을 수행하여 가장 많은 에너지를 소비하기 때문이다. 특히 두뇌의 외부는 4개의 엽, 운동피질, 체감각피질, 소뇌 등으로 구성되어 있다. 그 중에서 대뇌피질은 오렌지껍질 두께로 두뇌를 주름으로 감싸고 있어 넓은 피질이 두개골 안에 들어갈 수 있다. 이러한 피질의 넓이는 한 페이지 분량의 신문지 크기에 해당한다. 대뇌는 4개의 엽으로 구성되어 <표 8>과 같이 다른 기능을 담당한다.

✅ 〈표 8〉 대뇌의 구조(4개 엽)

구분	위치	기억	특징
전두엽	뇌 앞	작업기억	• 실행적 이성(통제)센터 • 양쪽 대뇌반구의 약 50% • 계획 및 사고, 고차적 사고, 문제해결, 주의집중, 창의성 • 변연계와 관련 • 동작피질: 동작 조절 • 전전두엽: 인성, 호기심, 의사결정, 반성, 정서조절
측두엽	귀 위	장기기억	• 언어센터(좌반구) • 음악, 얼굴 및 사물 인지 • 듣기, 기억, 의미, 언어 담당
후두엽	뇌 뒤		• 시각처리
두정엽	머리끝		• 공간 지각, 계산, 인지 담당, 고차적인 감각처리, 언어처리

또한, 두뇌의 외부는 4개엽 외에도 운동피질과 체감각피질로 구성되어 있다 (<표 9>).

✅ 〈표 9〉 운동피질과 체감각피질의 특징 비교

구분	위치	특징
운동피질	두정엽과 전두엽 사이 앞쪽	• 신체운동 조절 • 운동기능 학습 • 소뇌와 협력
체감각피질	운동피질 뒤 두정엽 앞	• 신체 부위에서 온 촉각 신호 처리

이 외에도 모든 동작을 조절하여 두뇌 무게의 약 10% 정도를 차지하는 소뇌는 주름이 깊은 유기적 구조로서, 나머지 두뇌 부위에 있는 모든 뉴런보다 더 많은 뉴런이 존재한다(<표 10>).

✔ 〈표 10〉 소뇌의 특징

구분	위치	특징
소뇌	대뇌(뇌간) 뒤	• 균형, 자세유지, 운동 협응 담당 • 사고, 정서, 감각, 기억 조절 • 자동화된 운동기억 저장 • 대뇌 한쪽 반구와 유사

두뇌 외부 구조를 그림으로 나타내면 [그림 18]과 같이 도식화할 수 있다(김유미, 2008). 특히 외부에서 온 감각 신호는 감각 신경을 지나 뇌의 뒤쪽에 있는 수용기로 들어가고 두뇌의 중앙(변연계, 두정엽, 측두엽)으로 가서 통합한 후 두뇌의 앞부분인 전두엽에서 해석하는 과정을 [그림 19]와 같이 거친다(Sousa, 2003).

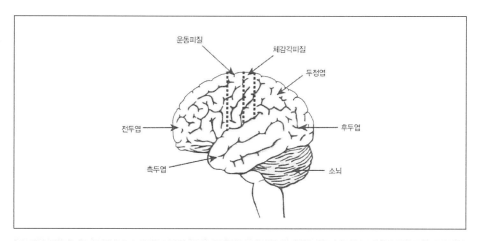

[그림 18] 두뇌 내부 구조

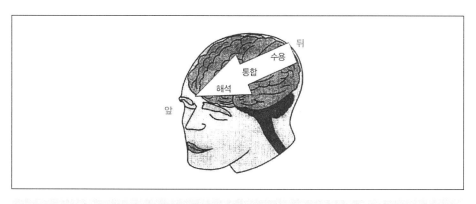

[그림 19] 외부 감각 신호 처리 과정

나. 두뇌의 내부

두뇌의 내부는 뇌간, 변연계(시상, 시상하부, 해마, 편도 등), 대뇌, 뇌 세포 등으로 구성되어 있다(<표 11>).

◎ 〈표 11〉 두뇌 내부의 특징

구분	특징
뇌간	• 파충류 뇌 • 가장 오래되고 깊은 곳 • 몸에서 뇌로 가는 12개 신경 중 11개 이동 • 맥박, 호흡, 체온, 소화 등 생명유지, 신체기능 통제 • 생존의 위해 무의식적으로 조절 • 망상체: 각성 수준 조절 • 망상활성화 체계(RAS): 감각수용기에 들어온 자극 여과기 역할, 흥분 수준 조절 • 중뇌(위), 뇌교(가운데), 연수(아래)로 구성
변연계 (중뇌)	• 포유동물 뇌 • 뇌간과 대뇌 사이 • 전체 두뇌 크기의 20% 차지 • 정서유발, 정서기억 기능 수행 • 정서와 이성 교류 가능 • 학습과 기억에 관여 • 시상: 후각 제외한 모든 감각정보, 인지활동 관여, 외부 유입 정보 모니터 • 시상하부: 내부체계 모니터, 신체 정상 유지, 호르몬 분비, 수면·섭식·수분섭취 등 신체기능 조절 • 해마: 학습내용 공고화, 작업기억 정보를 검토하여 기존의 기억과 비교(의미형성), 작업기억을 장기기억으로 전환 • 편도: 공포와 관련된 정서 관여, 환경과 개인의 상호작용 조절, 정서기억(해마와 상호작용)
대뇌	• 인간 뇌 • 두뇌 무게의 약 80% 정도 차지 • 연한 회색, 깊은 주름 • 좌반구(우반신)와 우반구(좌반신), 뇌량(두반구 교류·활동 조정) • 사고, 기억, 언어, 근육운동 담당
뇌 세포	• 신경세포(뉴런), 지지세포(교세포)로 구성(1조 개) • 신경세포(뉴런): 약 1,000억 개 • 지지세포(교세포): 여과기 역할, 뉴런 결합 및 보호, 혈뇌장벽 형성, 영양분 운반, 면역체계 조정 등

• 뉴런 전달 과정: 수상돌기(세포체, 전기신호) → 축색돌기(수초) → 시냅스(소낭, 화학신호) → 신경전달물질(아세틸콜린, 에피네프린, 세로토닌, 도파민 등) → 수상돌기(수용기)

지금까지 살펴본 두뇌의 내부 구조를 도식화하면 [그림 20]과 같다(김유미, 2008).

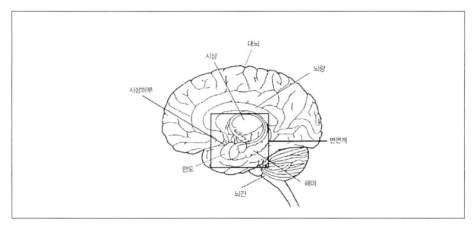

[그림 20] 두뇌 내부 구조

한편, 거울뉴런은 다른 사람들의 의도를 해석하고 행동을 예측하도록 돕는 역할을 한다. 즉, 다른 사람들의 경험을 우리 안에 재생성하도록 하고, 다른 사람들의 정서를 이해하고 공감하게 한다(Singer et al, 2004). 예를 들면, 아동이 어른의 행동을 모방하고 흉내내는 경우, 타인의 얼굴에서 기쁨, 슬픔, 분노 등을 느낄 때 자신이 그와 유사한 정서를 느끼는 경우 등이 대표적인 예이다.

다. 좌뇌와 우뇌의 특징

일반적으로 좌뇌와 우뇌의 특징은 <표 12>와 같이 구분할 수 있다. 그러나, 좌뇌와 우뇌의 활성화는 초보자와 전문가로 구분할 경우 반대로 나타난다. 예를 들면, 음악 초보자들은 우반구로 처리하지만, 전문가(성악가, 작곡가 등)들은 좌반구로 처리한다.

✔ 〈표 12〉 좌뇌와 우뇌 특징 비교

좌뇌	우뇌
• 순차적인 정보처리 • 의사결정시 정보 활용 • 전체보다 부분에 초점 • 일상적 · 계속적 행동 점검 • 시간, 계열, 세부(details), 순서에 대한 인식 • 청각적 수용, 언어적 표현 • 단어, 논리, 분석적 사고, 읽기와 쓰기 • 옳고 그름에 대한 경계와 인식 • 규칙과 최종 기한 준수 • 언어적, 분석적, 논리적, 계열적 • 숫자를 조작하는 기능 • 언어, 논리, 수학 등 학업적인 학습 부분	• 많은 정보를 동시에 처리 • 전체적인 상황 이해 • 부분보다 전체에 초점 • 시간적 여유 중시 • 개인 차이점 수용 • 다양한 상황 및 가능성 고려 • 관계 형성 및 유지 • 신기성(novelty)에 주의 기울임 • 음악, 미술, 시각-공간적 및 시각-운동적 활동 • 책을 읽거나 이야기할 때 심상(mental images) 형성 • 직관적 및 정서적 반응 • 관계 형성 및 유지 • 비언어적, 형태적, 창의적, 상상력 중시

또한, 학습자가 새로운 경험을 할 경우에는 우뇌가 주로 개입하고 이와 유사한 상황을 반복하여 경험할 경우에는 뇌량을 지나 좌반구로 [그림 21]과 같이 이동하게 된다(Sousa, 2003). 이 외에도 왼손잡이 중에서 50% 정도 사람은 언어를 사용할 때 우반구를 사용하고 저명한 수학자나 과학자는 문제해결시 우반구로 처리하지만, 초보자는 좌반구로 처리한다.

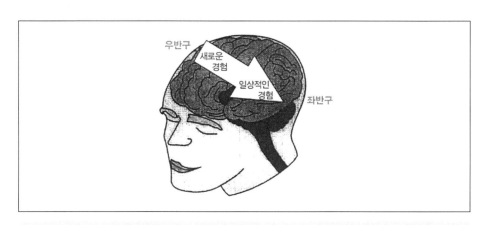

[그림 21] 새 경험과 일상적 경험의 좌 · 뇌 활성화 비교

특히 좌뇌와 우뇌의 기능을 비교하여 보면 <표 13>과 같이 정리할 수 있다 (Gazzaniga, Ivry, & Mangun, 2002).

● 〈표 13〉 좌뇌와 우뇌 기능 비교

구분	좌뇌	우뇌
신체 연결	오른쪽	왼쪽
정보처리	순차적 · 분석적	전체적 · 추상적
시 · 공간	시간	공간
언어	구어	몸짓, 얼굴 표정, 정서, 신체 언어
조작	단순 숫자 계산	상관적 · 수학적 연산 (기하학, 삼각법)
인지	단어, 글자, 숫자	얼굴, 장소, 물건, 음악
활성화	틀린 기억 구성	진실 회상
사건 설명	사건 발생 이유	사건을 공간적 형태로 인식
주의집중	외부자극 처리	내부 과정 처리

한편, 동일한 신체활동이나 정서라고 할지라도 우반구에서 모두 처리하는 것이 아니라, 소근육 운동, 긍정적 정서 등은 좌반구에서 활성화되고, 대근육 운동, 부정적 정서 등은 우반구에서 처리한다(Ornstein & Sobel, 1987). 따라서, 좌뇌와 우뇌는 각각 자기 영역에 투입된 정보를 고유한 방식으로 먼저 분석하고, 일단 상당한 정도의 정보처리가 이루어지면 다른 반구와 교환 · 비교하면서 좀 더 포괄적이고 정교한 정보를 획득하는 경향이 있다(김유미, 2003). 즉, 좌뇌와 우뇌는 특수화된 기능을 가지고 있지만, 실제 학습할 때에는 좌뇌와 우뇌가 함께 활동한다. 이러한 통합적인 뇌를 만들어 가는 과정은 양반구를 연결하는 뇌량이 매우 중요한 역할을 담당한다.

02 두뇌의 구성요소

가. 뉴런

두뇌의 구성요소 중에서 뉴런은 두뇌 활동을 수행하는데 매우 중요한 역할을 담당한다. 즉, 뉴런은 정보처리와 전기 및 화학신호를 변환하여 주고 받는 역할을 담당한다. 이러한 뉴런은 세포체(cell body), 수상돌기(dendrite), 축색돌기(axon) 등으로 구분한다(<표 14> 참조).

❷ 〈표 14〉 뉴런의 구성요소

구분	특징
세포체	• 세포의 생존을 위한 여러 가지 활동 수행 • 세포체 속에 있는 세포핵은 유전정보 보유
수상돌기	• 다른 뉴런으로부터 전기신호를 받아들이는 짧은 머리카락 모양의 입력 섬유
축색돌기	• 정보를 종합하고 평가하여 전기신호 형태로 전달하고 화학물질을 운반 기능 • 수초: 축색돌기 주변에 형성된 지방질 성분, 신속한 전기신호 전달 및 다른 반응 방해 방지 기능 • 시냅스: 신경전달물질에 의해 화학적 신호 전달

나. 전기신호

두뇌의 모든 정보 전달은 뉴런에 의해 일어나는데 이런 정보 전달과정에서 발생하는 전기신호 즉, 뇌파를 측정할 수 있다. 이러한 뇌파는 1929년 Berger가 최초로 측정하였다(<표 15> 참조).

❷ 〈표 15〉 두뇌의 전기신호(뇌파)의 유형

구분	특징
베타파	• 토론, 운동, 복잡한 프로젝트 등 많은 활동 수행
알파파	• 읽기, 쓰기, 시청, 문제해결 등 경계가 이완된 상태
세타파	• 졸음, 명상, 처리시간 등 감수성이 민감한 상태
델타파	• 깊은 수면 등 무의식적인 상태

다. 화학신호

수상돌기에서 만들어진 전기신호는 축색돌기로 전달되고 축색돌기와 수상돌기 사이의 시냅스가 전기신호를 화학신호로 전환하여 신경전달물질을 생성하게 된다. 이러한 신경전달물질의 유형은 <표 16>과 같이 정리할 수 있다.

◎ 〈표 16〉 신경전달물질의 유형

구분	특징
아미노산	• 뉴런들의 일대일 교류에 관여 • 글라이신, GABA, 아스파리진산염, 글루타민산염 • 글라이신, GABA: 억제 메시지 전달 • 아스파리진산염, 글루타민산염: 흥분 메시지 전달 ※ 글루타민산염: 기억과 학습에 관여(해마)
아민	• 모노아민 • 다른 아미노산보다 더 느리게 작용 • 화학적으로 변형된 아미노산(신경변형물질) • 에피네프린(아드레날린): 스트레스 반응 관여 • 노르페이네프린: 각성 등 전반적 활동 수준 관여 • 도파민: 동작활동 조절, 즐거운 감정 촉진 관여 • 세로토닌: 기억 · 수면 · 식욕조절 · 체온조절 관여(기분 촉진제) • 아세틸콜린: REM 수면 촉진, 기억회로 관련
펩타이드	• 변형물질로서 작용하여 다른 신경전달물질에 영향 • 엔돌핀: 특정 행동에 대한 좋은 느낌을 갖도록 자극 • 코티졸: 스트레스에 관여

지금까지 살펴본 뉴런의 전기신호와 화학신호 전달 과정을 도식화하면 [그림 22]와 같다(김유미, 2008).

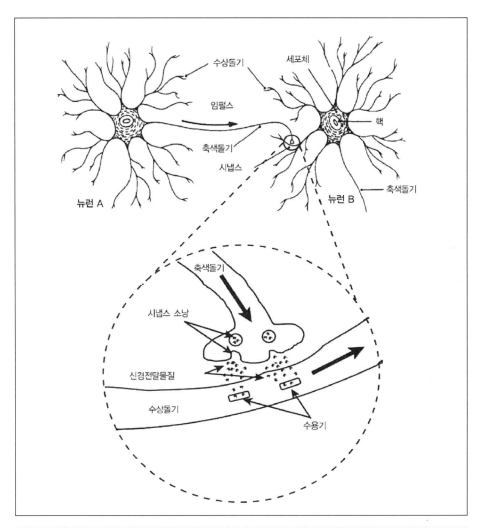

[그림 22] 뉴런의 전기신호와 화학신호 전달 과정

라. 혈액

두뇌는 체중의 약 2% 정도 차지하면서도 신체가 소모하는 에너지의 약 20% 를 소모한다. 이러한 에너지는 혈액을 통해서 포도당, 단백질, 산소 등을 공급한 다(<표 17> 참조). 따라서, 두뇌는 시간당 약 30리터 정도 혈액을 소모하여 하 루에 약 750리터 혈액을 공급한다.

구분	특징
물	• 이온전위의 균형 유지 • 하루 8~12컵의 물 섭취 • 탈수, 졸음, 학습저하 현상
영양분	• 균형 잡힌 식생활이 학습능력 향상
산소	• 두뇌는 신체가 소모하는 산소의 1/5 정도 소모 • 두뇌 산소 공급 촉진을 통해 최적 수행

03 정서와 뇌과학의 관계

MacLean(1990)에 의하면 삼위일체의 뇌, 즉 뇌간, 변연계, 대뇌피질은 3층 구조로 되어 있어서 과제에 따라 독립적으로 작용하거나 상호작용한다. 그 중에서도 변연계는 욕구, 공포, 낙담, 우울, 기쁨, 애정 등의 정서와 매우 밀접한 관련이 있다.

특히 뇌과학이 발달함에 따라 정서에 의해 활성화되는 뇌 부위는 시상, 전전두피질, 대상피질, 편도체, 시상하부 등이다. 감각기관에서 들어오는 모든 정보는 먼저 시상에 있는 신경세포체로 가서 신호가 분류되어 편도체와 대뇌피질의 각 영역으로 보내어 진다(Carter, 1999). 즉, 시상은 정보를 대뇌피질과 편도체로 보내고 편도체는 그 자극이 해로울 수 있다고 판단할 경우에 시상하부를 자극하며, 시상하부는 신체에 호르몬 메시지를 보내어 신체가 조치를 취하도록 하여 신체 변화가 일어난다.

따라서, 시상하부는 뇌하수체와 함께 항상성에 필요한 기능을 조절하여 신체의 정상적인 상태를 유지하고 성욕, 수면, 공격성, 쾌락 등을 조절하는데 중요한 역할을 한다(김유미, 2003).

또한, 대상피질은 편도체로부터 쾌 감정과 관련된 정보를 받고 시상하부로부터는 본능적인 욕구와 관련된 정보를 받아 노력 및 의욕과 관련된 두뇌 영역이다. 편도체는 시상을 통과하는 여러 감각 정보를 대뇌피질보다 빨리 받는 신경회로망 속에 있기 때문에, 대뇌피질이 정보를 사려 깊게 분석하고 판단하기 전에 더 빨리 정보를 받아 쾌감 또는 불쾌감을 유발하고, 이 순간의 정서가 동일한 감각정보에 대한 대뇌피질의 이성적 정보처리에도 영향을 준다(Carter, 1999).

한 개인이 특정 정서를 경험하게 되면 그에 따른 자율신경계가 반응하게 되고 관련된 뇌 영역도 활성화되기 때문에, 위험이나 안전을 지각하면 놀람 반응을 조절하기 위해 편도체가 정보를 처리한다(김광수 외, 2017). 또한, fMRI를 사용한 조사에서 사람들이 위험 신호를 경험하거나 정서적 반응을 보이는 얼굴 표정을 볼 때 편도체가 활성화된다는 것을 확인했다. 편도체는 슬픔, 혐오, 분노를 표현하고 있는 얼굴에 대해서도 강하게 반응한다(Shitoa & Kalat, 2012). 따라서, 편도체가 손상된 환자들을 다른 사람들의 정서, 특히 공포를 표현하는 얼굴 표정이나 목소리를 인지하는 데 어려움을 겪는다(Anderson & Phelps, 2000). 이 외에도 분노, 혐오, 놀람 등을 나타내는 표정 인식에 어려움을 겪는다.

또한, 혐오를 느끼거나 혐오를 표현하는 표정을 보는 피험자에게 fMRI를 실시하는 동안 특히 전측뇌섬엽피질(anteriror insular cortex)이 가장 많이 활성화되었다(Phillips, Young, Senior et al., 1997). 또한, 혐오를 유발하는 사진이나 혐오를 나타내는 얼굴 표정을 볼 때 섬피질이 활성화된다(Wicker, Keysers, Plailly, Royet, Gallese, & Rizzolatti, 2003).

✅ 〈표 18〉 정서와 관련된 두뇌 영역에 따른 기능적 역할

정서	관련된 뇌 영역	기능적 역할
공포	편도체(amygdala)	학습(learning) 회피(avoidance)
분노	안와전두피질(orbitofrontal cortex), 전대상피질(anterior cingulate cortex)	사회적 폭력 암시(indicate social violation)
슬픔	편도체(amygdala), 우측두엽극(right temporal pole)	머뭇거림(withdraw)
혐오	전측뇌섬엽(anterior insula), 전대상피질(anterior cingulate cortex)	회피(avoidance)

일반적으로 좌뇌는 기쁨, 행복 등과 같은 긍정적인 정서를 처리하는 경향이 더 높고, 우뇌는 공포, 분노 등과 같은 부정적인 정서를 처리하는 경향이 더 높

다(Springer & Deutsch, 1981). 예를 들면, 피험자들에게 특별히 고안된 콘택트렌즈를 사용하여 피험자의 좌측 시각 영역이나 우측 시각 영역 중에서 한 군데만 영화를 시청하도록 한 후, 영화내용에 대한 반응을 심장박동률로 측정한 결과, 긍정적 정서를 유발하는 영화는 좌뇌와 관련된 우측 시각 영역에 제시할 때 효과가 더 크게 나타난 반면에, 부정적 정서를 유발하는 영화는 우뇌와 관련된 좌측 시각 영역에서 제시할 때 효과가 더 크게 나타났다(Dimond & Farrington, 1977).

또한, 우뇌 손상 환자들은 이성적으로 사고하지만 정서적으로 부적절한 반응을 하며, 좌뇌 손상 환자들은 불안하고 두려워하며 우울하고 비관적이다(Goldstein, 1948). 따라서 좌반구가 손상되면 삶에 대해 비관적으로 되는 경향이 있고, 우반구가 손상되면 자신의 처지에 무관심하고 오히려 의기양양하게 변하는 경향이 있다(정옥분 외, 2008).

따라서, 우반구가 더 많이 활성화되면 부정적인 정서를 경험하게 되며, 우반구가 더 적게 관여하게 되면 긍정적인 정서를 경험하게 된다.

대체로 좌반구 전두엽피질의 활성화는 접근 경향성(행복과 분노)에 관련이 있고, 우반구 전두엽피질의 활성화는 철수 경향성(슬픔과 공포)과 관련이 있다(김광수 외, 2017). 이 외에도 인생에서 만족감을 느끼는 주관적 안녕감이 큰 사람들은 좌반구 전두엽의 반응이 활발하고 인생에 대한 만족감이 낮은 사람들은 우반구에서 활발한 반응을 보인다는 보고가 있다(Urry, Nitschke, Dolski et al., 2004).

결론적으로 말하자면 좌반구는 기쁨, 사랑 등과 같은 긍정적 느낌과 표현에 관련되어 있고, 우반구는 슬픔, 분노, 두려움 등과 같은 부정적 느낌과 표현에 관련되어 있다.

한편, 정서와 관련된 두뇌 영역은 크게 '대뇌 우반구 가설', '정서 유인가 가설', '접근-회피 가설' 등 <표 19>와 같이 세 가지 형태로 정리될 수 있다(Davidson, 1993; Wheeler, Davidson, & Tomarken, 1993; Fox et al, 1995). 대뇌 우반구 가설은 정서를 인식하기 위해서는 특정 두뇌 영역이 관련된다는 가설이지만, 정서 유인가 가설과 접근-회피 가설은 정서를 표현하기 위해서는 특정 두뇌 영역이 관련된다는 가설이다.

〈표 19〉 정서와 관련된 두뇌 관련 가설의 특징

구분	특징
대뇌 우반구 가설	• 모든 정서처리 과정에서 대뇌 우반구가 전반적인 역할 수행 • 우측 후반구는 표정 지각으로 정서적 상태를 인식하는 기능 • 표정 인식시 뇌의 특정 부분 관련
정서 유인가 가설	• 긍정 정서는 좌반구에서, 부정 정서는 우반구에서 주로 관여 • 좌반구에 상해를 입은 환자들은 우울증과 관련되는 경우가 많음 • 우반구에 상해를 입은 환자들은 조증과 관련되는 경우가 많음
접근-회피 가설	• 좌반구와 우반구의 앞쪽 영역이 접근과 회피 매개 • 좌반구의 앞쪽 영역은 접근을, 우반구의 앞쪽 영역은 회피를 매개 • 긍정 정서는 관심과 접근을 유발하고, 부정 정서는 회피와 철회를 유발 • 좌반구 전두엽은 선호하는 자극에 대한 접근유도를 촉진하고, 우반구 전두엽은 혐오적인 자극에 대한 철회유도를 조장 • 두뇌 앞쪽 영역의 뇌파 불균형 패턴은 새롭거나 스트레스가 되는 상황에 접근 또는 회피와 관련 • 행동억제와 위축행동을 보이는 아동은 우반구 앞쪽 영역의 뇌파 불균형이 나타나고, 낯선 또래와의 상호작용에서 사교성이 높은 유아는 좌반구 앞쪽 영역의 뇌파 불균형이 나타남

04 정서와 두뇌이론

가. Papez 회로

정서가 하나의 특정 뇌 구조만 관련되어 있다고 주장한 반면에, Papez는 1937년 정서가 여러 가지 대뇌피질 구조에 의해 매개된다고 주장하였다. 즉, Papez는 시상하부, 시상 앞쪽, 대상피질, 해마 등의 뇌 구조들이 하나의 체계로서 순차적으로 연결되어 함께 작동하는 'Papez 회로'를 주장하였다.

'Papez 회로'는 정서를 유발할 수 있는 여러 가지 자극이 시상을 통해 시상하부에 이르고, 정서 자극은 대뇌피질, 감각피질 등으로 전달된다. 대상피질은 감정적 경험과 관련되고, 대상피질의 감정 경험이 해마를 거쳐 시상하부에 전달되어 시상하부는 감정을 통제한다. 이러한 시상하부의 감정 신호는 전시상핵을 통해서 대상피질로 전달되며 대상피질과 연결된 대뇌피질이 그 감정에 채색을 하게 된다([그림 23] 참조).

특히 'Papez 회로'에서 중요한 점은 감각 정보가 일단 뇌의 시상으로 들어간 다음 두 경로로 구분되는 것이다. 하나는 사고를 담당하는 대뇌피질로 가는 '생각의 경로(통로)'이고, 다른 하나는 감정을 담당하는 시상하부로 가는 '감정의 경로(통로)'이다. 생각의 경로는 지각, 사고, 기억 등을 담당하고, 감정의 경로는 감정을 담당한다.

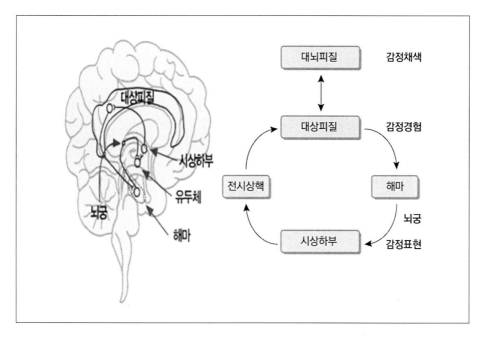

[그림 23] Papez 회로

나. 내장 뇌 시스템

1949년 MacLean은 'Papez 회로'에 편도체, 중격핵, 안와전두피질, 기저핵 등을 추가하여 '변연계'라는 기능적 체계를 구성한다고 주장하였다. 변연계는 여러 정서 상황에서 내장의 활동을 조절하는데 중요한 역할을 하기 때문에, 내장 뇌(visceral brain) 시스템이라고도 한다(정옥분·정순화·임정하, 2007).

특히 정서와 관련된 변연계의 구조를 정리하면 다음과 같다.

첫째, 측두엽은 해마, 편도체, 전두엽피질 등과 관련된 부분으로서, 정서와 관련된 억제 기능을 한다. 예를 들면 공격적이던 원숭이의 측두엽이 손상된 후, 유순하고 활동적으로 변화하였다(Bard & Mountcastle, 1948).

둘째, 편도복합체가 손상된 동물의 경우에 정서 반응이 상대적으로 무감각한 것으로 보아 편도복합체는 정서 반응에 민감하다는 것을 알 수 있다.

셋째, 편도체와 해마가 손상된 동물이 유순하고 얌전하게 변화한 것으로 보아 (Walker et al, 1953) 편도체와 해마는 정서 반응성과 관련된다는 것을 알 수 있다.

넷째, 해마에 전기적 자극과 화학적 자극을 주면 일반 정서 상황에서 나타나는 것과 유사한 자율신경계 반응이 나타나는 것으로 보아(MacLean, 1954) 해마는 정서적 반응과 관련된다는 것을 알 수 있다.

다. 정서의 신경과학적 모형

LeDoux(1986)는 정서는 인지적 측면인 정서 자극 평가, 행동적 측면인 정서 표현, 감정적 측면인 정서 경험 등 <표 20>과 같이 구분하는 신경과학적 모형을 제안하였다.

❏ 〈표 20〉 LeDoux의 정서에 대한 신경과학적 모형

구분	특징
정서 자극 평가	• 감각 정보를 이미 저장되어 있는 정보나 지식에 비교하는 과정 • 정서 자극을 평가하는 두뇌 처리 과정은 편도체에서 관여
정서 표현	• 감각기관을 통해 시상하부로 유입된 정서 자극은 대뇌피질에 전달되어 평가한 후, 정서를 표현
정서 경험	• 변연계에서 직접 입력된 정보를 언어적으로 처리하면서 정서 경험을 지각(신체에 대한 즉각적 피드백을 통해 정서 경험을 정확하게 평가) • 정서 자극과 환경적 사건 간의 연계점에 대한 정보를 언어적으로 처리하면서 정서 경험을 지각(무의식적인 정서 반응)

라. 정서와 자율신경계

일반적으로 자율신경계에는 교감신경계와 부교감신경계가 있다. 자율신경계의 교감신경계는 척주의 양쪽을 따라 주행하는 일련의 신경절 사슬로 구성되어 있다. 이 교감신경절은 서로 연결되어 있으며 척수신경과도 연결되어 있고 대부분의 내부 장기들과 연결되어 있다.

또한, 부교감신경계는 교감신경계와 분포 형태가 다른데 내장에 분포하는 부교감신경은 대부분 뇌신경에 속하는 미주신경으로부터 나온다. 내장에 분포하는 다른 부교감신경은 천수신경이다.

특히 교감신경계와 부교감신경계는 일반적으로 반대되는 생리적 효과를 보인다. 교감신경계는 신체 기관들이 활발한 활동을 할 수 있도록 준비시키는 신경망으로 위기상황에서 활성이 가장 높아진다. 부교감신경계는 소화, 성장, 면역반응, 에너지 저장 등을 촉진하며 장기간 평온한 상태를 유지하는데 관여한다. 대부분의 경우 두 자율신경계의 활성 수준은 서로 상대적이어서 한쪽이 높아지면 다른 한쪽은 낮아진다.

✅ 〈표 21〉 정서와 자율신경계의 관계

구분	교감신경이 활동하면	부교감신경이 활동하면
눈동자	확대	축소
혈관	수축	확장
눈물샘	눈물의 분비가 감소	눈물이 증가
침샘	타액이 감소, 목이 마름	타액이 증가
위액분비샘	위액이나 장액의 분비가 감소	위액(위산) 등 분비가 증가
위장의 운동	활동이 감소, 변비가 생김	활발하게 활동
심장의 리듬	심박수 증가	심박수 감소
말소혈관	수축으로 혈압이 상승	이완되어 혈압이 저하
방광, 직장의 근육	소변이나 대변이 쌓여 변비가 생김	소변, 대변을 밀어내어 설사를 초래
뇌, 신경	흥분함	안정되어 졸음이 옴
신경전달물질	아드레날린, 논아드레날린	아세틸콜린

마. 정서에 대한 생리학적 과정 모형

Henry는 정서를 대뇌피질, 변연계, 신경내분비계, 뇌간 등의 기능을 강조하는 '생리학적 과정 모형'을 제안하였다(Carlson & Hatfield, 1992). 먼저 특정 사건 및 상황이 일어나면 유전과 초기 경험에 의해 만들어진 행동패턴에 의해 만들어진 개인의 심리생리적 프로그램에 영향을 미친다. 이러한 심리생리적 프로그램을 거친 결과 대뇌피질과 변연계의 처리 과정을 통해 정서와 관련된 특정 신경

내분비 반응 및 행동 반응이 일어나게 되어 기능적 및 구조적으로 변화하게 되어 질병이 생길 수 있다.

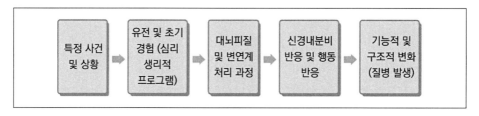

[그림 24] 정서에 대한 생리학적 과정 모형

정서심리의
적용

CHAPTER 01 정서 유형과 반응
CHAPTER 02 정서지능과 정서조절
CHAPTER 03 정서와 스트레스
CHAPTER 04 정서와 행복
CHAPTER 05 정서와 명상

CHAPTER 01

정서 유형과 반응

정서의 유형은 유쾌함－불쾌함과 관련된 차원과 정서의 활성화나 각성, 강도 등과 관련된 차원 등 두 가지 차원으로 [그림 1]과 같이 구분할 수 있다(Russell & Barrett, 1999). 모든 정서를 다루기 어렵기 때문에, 대표적인 정서를 중심으로 신체 반응, 생체 반응, 심리 반응 등으로 구분하여 정리하였다.

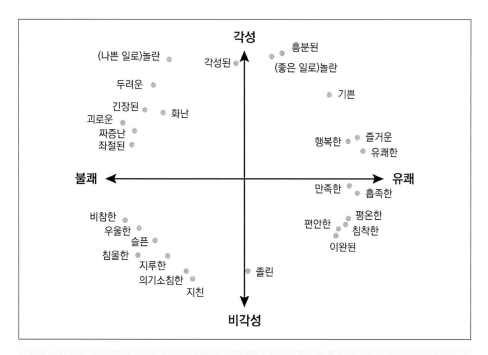

[그림 1] 정서의 유형

01 유쾌-각성과 관련된 정서 유형

가. 유쾌한/재미있는 정서

유쾌한 또는 재미있는 정서는 상대방에게 즐거움을 주거나 웃음을 불러 일으키는 상태로서, 신체 반응(얼굴, 손짓, 목소리, 행동, 몸가짐), 생체 반응, 심리 반응, 장기간 지속할 때 나타나는 징후, 향후 발전 가능한 정서 유형 등 <표 1>과 같이 정리할 수 있다.

✅ 〈표 1〉 유쾌한/재미있는 정서의 다양한 반응 및 징후

구분		특징
신체 반응	얼굴	• 얼굴이 갑자기 밝아진다. • 장난기 있는 표정을 짓는다. • 빙그레 미소 짓거나 키득거린다.
	손짓	• 손뼉을 치며 발을 구른다. • 손바닥으로 무릎이나 넓적다리를 때린다. • 옆 사람과 하이파이브를 한다.
	목소리	• 목소리가 고조된다. • 웃긴 지점을 자꾸 말로 반복한다. • 목에서 "꺼, 끄윽"과 같은 이상한 소리가 난다.
	행동	• 바닥에 쓰러져 데굴데굴 구른다. • 몸을 지탱하려고 의자나 벽에 기댄다. • 입의 음식물을 내뿜는다.
	몸가짐	• 바닥에 발을 구른다. • 몸을 똑바로 가누지 못한다. • 더 큰 웃음거리를 찾는다.
생체 반응		• 갈비뼈나 배가 아프다. • 팔다리가 흐느적거린다. • 호흡이 거칠어진다.
심리 반응		• 일단 앉을 자리를 찾는다. • 타인과 즐거움을 나누고 싶은 욕구를 느낀다. • 걱정거리가 일순간 사라진다.

구분	특징
장기간 지속할 때 나타나는 징후	• 몸이 떨린다. • 몸을 통제하지 못한다. • 얼빠진 사람처럼 보인다.
향후 발전 가능한 정서 유형	• 행복감, 만족감

나. 행복한/즐거운 정서

행복한 또는 즐거운 정서는 기분이 매우 좋고 만족스러운 상태로서, 신체 반응(얼굴, 손짓, 목소리, 행동, 몸가짐), 생체 반응, 심리 반응, 장기간 지속할 때 나타나는 징후, 향후 발전 가능한 정서 유형 등 <표 2>와 같이 정리할 수 있다.

◎ 〈표 2〉 행복한/즐거운 정서의 다양한 반응 및 징후

구분		특징
신체 반응	얼굴	• 늘 웃는 표정이다. • 생기 있고 눈이 환히 빛난다. • 달 뜬 얼굴이다.
	손짓	• 활기차게 손을 흔든다. • 손으로 가슴을 잡는다. • 신체 부위에 대고 가볍게 손가락 장단을 맞춘다.
	목소리	• 콧노래, 휘파람, 노래를 부른다. • 자주 웃음을 터뜨린다. • 경쾌한 목소리이다. • 긍정적인 어휘들만 사용한다. • 수다를 즐기고 낯선 사람에게도 말을 붙인다.
	행동	• 활달하고 열린 자세를 취한다. • 유연한 몸놀림과 날렵한 움직임이 있다. • 발걸음 가볍고 타인과 신체 접촉에도 능동적이다.
	몸가짐	• 여유로운 모습을 한다. • 다른 사람을 격려하고 도와준다. • 남에게 칭찬을 자주 한다.
생체 반응		• 가슴 전체로 퍼져나가는 쿵쾅거림이 있다. • 팔다리가 가볍다. • 몸이 붕 뜨는 것 같은 기분이 든다.

구분	특징
심리 반응	• 긍정적인 사고를 한다. • 참을성이 강해진다. • 용감무쌍해진 담력이 있고 모험을 시도한다.
장기간 지속할 때 나타나는 징후	• 흥분에 겨워 몸을 부르르 떤다. • 다소 과장된 움직임이 있다. • 기쁨의 눈물을 흘린다.
향후 발전 가능한 정서 유형	• 의기양양, 만족감, 평안

다. 기대/희망찬 정서

기대 또는 희망찬 정서는 간절하게 바라는 상태로 갈망하며 기다리는 상태로서, 신체 반응(얼굴, 손짓, 목소리, 행동, 몸가짐), 생체 반응, 심리 반응, 장기간 지속할 때 나타나는 징후, 향후 발전 가능한 정서 유형 등 <표 3>과 같이 정리할 수 있다.

✅ 〈표 3〉 기대/희망찬 정서의 다양한 반응 및 징후

구분		특징
신체 반응	얼굴	• 손으로 얼굴을 감싸고 손가락 틈새로 엿본다. • 가만히 눈을 감고 혼자 괴성을 내기도 한다. • 입술을 축이거나 깨문다.
	손짓	• 손바닥에 땀이 난다. • 손이 떨린다. • 가슴팍을 손으로 움켜 잡는다.
	목소리	• 가만히 눈을 감고 한숨을 내쉰다. • 다른 사람에게 본 것을 있는 그대로 자세히 말해달라며 조른다. • 계속 웅얼거린다.
	행동	• 다리를 반복해서 꼬았다 풀었다 한다. • 발끝으로 깡충거린다. • 상체를 앞으로 기울인다.
	몸가짐	• 다른 것을 생각할 마음의 여유가 없다. • 마치 움직이면 사태가 빨리 진행되기라도 할 것처럼 안절부절못하고 서성거린다. • 새로운 일이 없는지 자꾸 전화하거나 문자 메시지를 보낸다.

구분	특징
생체 반응	• 붕 떠 있는 느낌이 든다. • 호흡 곤란이 일어날 수 있다. • 심장이 요동친다.
심리 반응	• 완벽했으면 싶은 욕망이 있다. • 집중력이 결여되어 있다. • 무슨 일이 일어날지 상상한다.
장기간 지속할 때 나타나는 징후	• 불면증이 일어날 수 있다. • 좌절감 또는 조급증이 일어날 수 있다. • 옷 치장 등 본업보다는 그 준비에 더 열중한다.
향후 발전 가능한 정서 유형	• 도에 넘친 흥분, 질투, 실망감

라. 흥분된/신이 난 정서

흥분된 또는 신이 난 정서는 활력이 넘치거나 뭔가에 자극받고 고무된 상태로서, 신체 반응(얼굴, 손짓, 목소리, 행동, 몸가짐), 생체 반응, 심리 반응, 장기간 지속할 때 나타나는 징후, 향후 발전 가능한 정서 유형 등 <표 4>와 같이 정리할 수 있다.

❂ 〈표 4〉 흥분된/신이 난 정서의 다양한 반응 및 징후

구분		특징
신체 반응	얼굴	• 잘 웃는다. • 혈색이 좋은 안색이다. • 생기 넘치고 환히 빛나는 눈빛이다.
	손짓	• 주먹을 쥐고 팔을 끄덕여 보인다. • 팔을 마구 흔드는 등 전반적으로 동작이 크다. • 누군가에게 전화를 걸거나 문자 메시지를 보낸다.
	목소리	• 농담을 즐긴다. • 괴성을 지르거나 폭소를 터뜨린다. • 주저하지 않고 느끼거나 생각한 것을 말로 쏟아낸다.
	행동	• 이 발 저 발로 깡충거린다. • 다른 사람 앞으로 가슴을 내민다. • 쉬지 않고 몸을 움직인다.
	몸가짐	• 누군가의 품에 안기려 달려든다. • 주위를 계속 돌아다닌다. • 스스로 자신의 신명을 더욱 북돋는다.

구분	특징
생체 반응	• 가슴이 후련하다. • 맥박이 빠르다. • 감각이 고조된다.
심리 반응	• 다른 사람과 동지애로 뭉친다. • 조바심이 난다. • 앞으로 무슨 일이 벌어지게 될지 흥미진진하게 상상한다.
장기간 지속할 때 나타나는 징후	• 자기 억제력이 상실된다. • 심장 박동이 폭증한다. • 뛰어오르고 환성을 내질러야 직성이 풀릴 듯한 기분이 든다.
향후 발전 가능한 정서 유형	• 만족감, 행복감, 의기양양

02 유쾌-비각성과 관련된 정서 유형

가. 평안한/안정된 정서

평안한 또는 안정된 정서는 불화나 동요, 소란스러움에서 완벽하게 벗어난 차분한 상태로서, 신체 반응(얼굴, 손짓, 목소리, 행동, 몸가짐), 생체 반응, 심리 반응, 장기간 지속할 때 나타나는 징후, 향후 발전 가능한 정서 유형 등 <표 5>와 같이 정리할 수 있다.

◎ <표 5> 평안한/안정된 정서의 다양한 반응 및 징후

구분		특징
신체 반응	얼굴	• 눈을 감고 머리를 뒤로 젖힌다. • 숨을 깊고 만족스럽게 내쉰다. • 생기 넘치는 눈빛으로 가벼운 시선을 보낸다.
	손짓	• 손가락으로 느슨하게 무릎을 감싸 쥔다. • 머리 뒤로 들어 올린 손가락을 까딱거린다. • 머리 위로 크게 기지개를 켠다.
	목소리	• 휘파람을 불거나 콧노래를 흥얼거린다. • 낮고 편하게 느껴지는 목소리를 낸다. • 다정다감한 어조로 온기 있는 목소리를 낸다.

	행동	• 다른 사람에게 묵례를 해 보인다. • 편안해 보이는 발걸음으로 절대 서두르지 않는다. • 상체를 뒤로 젖히고 팔을 등받이에 걸친다.
	몸가짐	• 부드러운 자태와 차분한 모습이 은근히 드러난다. • 햇살을 즐기려고 풀밭 위에 편히 눕는다. • 다리를 넓게 벌리고 열려 있는 몸가짐을 가진다.
생체 반응		• 느리고 편한 호흡을 한다. • 구름 위에 있는 듯 긴장감과 스트레스가 적다. • 안온하고 잔잔한 맥박과 심장 박동이 있다.
심리 반응		• 분위기를 깨는 화제는 피한다. • 특별히 뭔가를 더 하고 싶다는 욕망이 없다. • 현재에 충실할 뿐 과거나 미래에 연연하지 않는다.
장기간 지속할 때 나타나는 징후		• 세상을 개선해야 할 필요성을 느끼지 못한다. • 긍정적이거나 마음이 맞는 사람하고만 시간을 보내려 한다. • 긍정적인 현재 상황에 안주하고 싶다는 욕망이 있다.
향후 발전 가능한 정서 유형		• 행복감, 만족감

나. 만족한/흡족한 정서

만족한 또는 흡족한 정서는 어떤 상황이 흐뭇하거나 충족한 상태로서, 신체 반응(얼굴, 손짓, 목소리, 행동, 몸가짐), 생체 반응, 심리 반응, 장기간 지속할 때 나타나는 징후, 향후 발전 가능한 정서 유형 등 <표 6>과 같이 정리할 수 있다.

〈표 6〉 만족한/흡족한 정서의 다양한 반응 및 징후

구분		특징
신체 반응	얼굴	• 흔쾌히 고개를 끄덕거린다. • 깊고 흐뭇한 안도의 한숨을 쉰다. • 심호흡하며 성취의 순간을 여유롭게 음미한다.
	손짓	• 팔짱을 낀다. • 손가락 끝을 맞대고 첨탑처럼 세운다. • 팔을 넓게 벌려 기지개를 켠다.
	목소리	• 축배를 제의하거나 누군가를 칭찬한다. • 휘파람을 불거나 콧노래를 흥얼거린다. • 완벽하게 상황을 요약해 대화에 적절히 반영한다.

행동	• 가슴을 앞으로 내밀고 우쭐거리듯 다닌다. • 셔츠의 앞면을 부드럽게 쓸어내린다. • 팔꿈치를 잔뜩 세우고 뒷짐을 진다.
몸가짐	• 자기 자신을 북돋아주고 싶어 한다. • 느긋하고 여유로운 몸가짐을 한다. • 여기저기를 둘러보며 고양이처럼 날렵하게 걷는다.
생체 반응	• 가슴이 가볍다. • 다른 사람의 존재와 그들의 반응에 극도로 민감하다. • 속이 든든한 느낌이 든다.
심리 반응	• 상쾌하고 즐거운 기분이 든다. • 자신의 주변에 별로 신경쓰지 않는다. • 이쯤 했으면 충분한 보상이 주어지지 않겠느냐는 기대감이 든다.
장기간 지속할 때 나타나는 징후	• 교만하다. • 쓸데없는 느긋함이 있다. • 자신감이 극에 달해 환히 빛나는 표정을 한다.
향후 발전 가능한 정서 유형	• 행복감, 잘난체, 자부심

✎ 03 불쾌-각성과 관련된 정서 유형

가. 두려운/꺼리는 정서

두려운 또는 꺼리는 정서는 앞으로 직면할 일을 매우 걱정하면서 피하고 싶은 강렬한 욕구 상태로서, 신체 반응(얼굴, 손짓, 목소리, 행동, 몸가짐), 생체 반응, 심리 반응, 장기간 지속할 때 나타나는 징후, 향후 발전 가능한 정서 유형 등 <표 7>과 같이 정리할 수 있다.

◆ 〈표 7〉 두려운/꺼리는 정서의 다양한 반응 및 징후

구분		특징
신체 반응	얼굴	• 자라처럼 움츠러든 목을 한다. • 눈 맞춤을 피한다. • 창백하거나 병색이 짙어 보이는 얼굴을 한다.
	손짓	• 양팔로 가슴을 감싸 안는다. • 손목을 문지르거나 비튼다. • 손톱을 깨문다.
	목소리	• 목소리가 기어들어간다. • 대답할 때는 말을 딱 한마디씩만 한다. • 시도 때도 없이 어쩌지 못하고 흐느껴 운다.
	행동	• 통증이 심한 것처럼 배를 움켜잡는다. • 발걸음을 힘들게 옮긴다. • 이리저리 서성거린다.
	몸가짐	• 몸을 자주 움찔움찔한다. • 구석 자리나 가로막힌 장소 등에 머물려 한다. • 자리를 벗어나기 위해 핑곗거리를 만든다.
생체 반응		• 위가 꼬이는 것 같다. • 식은땀이 나고 호흡이 곤란하다. • 현기증이 나고 팔다리가 욱신거린다.
심리 반응		• 숨고 싶다는 욕구가 든다. • 시간이 빨리 지나갔으면 좋겠다는 소망을 한다. • 사태를 긍정적으로 전망하기가 어렵다고 본다.
장기간 지속할 때 나타나는 징후		• 어떤 소리만 들려도 기겁한다. • 늘 공격당하지 않을까 하는 걱정부터 앞세운다. • 오열, 전율이 일어나고 과호흡 증후군 증상이 있다.
향후 발전 가능한 정서 유형		• 고뇌, 공포

나. 짜증난/골치 아픈 정서

짜증난 또는 골치 아픈 정서는 약이 오르거나 가벼운 격앙 상태로서, 신체 반응(얼굴, 손짓, 목소리, 행동, 몸가짐), 생체 반응, 심리 반응, 장기간 지속할 때 나타나는 징후, 향후 발전 가능한 정서 유형 등 <표 8>과 같이 정리할 수 있다.

❤ 〈표 8〉 짜증난/골치 아픈 정서의 다양한 반응 및 징후

구분		특징
신체 반응	얼굴	• 안색이 초췌하다. • 찌푸린 얼굴, 금세라도 뭔가에 독설을 퍼부을 듯한 안색 • 위쪽으로 부릅뜬 눈길
	손짓	• 팔짱 낀 자세를 한다. • 주먹으로 턱을 괸다. • 주먹으로 입을 막는다.
	목소리	• 말할 때 경련을 일으킨다. • 말이 짧아진다. • 융통성이 없는 태도로 퉁명스러운 말투를 한다.
	행동	• 한시도 가만히 있지 못하고 발을 굴러대거나 꼼지락거린다. • 심호흡하기도 하고 숨을 오래 참기도 한다. • 연필심을 일부러 부러뜨리는 등 쓸데없이 완력을 쓴다.
	몸가짐	• 불평불만을 한다. • 가벼운 빈정거림을 한다. • 불편한 심기를 가라앉힐 비난거리들을 찾는다.
생체 반응		• 두통이 있다. • 체열이 발생한다. • 후각이 예민해진다.
심리 반응		• 모든 생각이 부질없게 여겨져 스스로 질책을 한다. • 주의가 산만하다. • 벗어날 구실만 찾는다.
장기간 지속할 때 나타나는 징후		• 안면 홍조가 된다. • 사물들을 거칠게 다룬다. • 자포자기의 몸짓으로 손을 내젓는다.
향후 발전 가능한 정서 유형		• 좌절감, 분노

다. 좌절된/방해받는 정서

좌절된 또는 방해받는 정서는 문제가 해결되지 않고 욕구가 충족되지 않은 상태로서, 신체 반응(얼굴, 손짓, 목소리, 행동, 몸가짐), 생체 반응, 심리 반응, 장기간 지속할 때 나타나는 징후, 향후 발전 가능한 정서 유형 등 <표 9>와 같이 정리할 수 있다.

❷ 〈표 9〉 좌절된/방해받는 정서의 다양한 반응 및 징후

구분		특징
신체 반응	얼굴	• 고개를 가로 젓는다. • 눈을 가늘게 뜬다. • 무거운 한숨을 쉰다.
	손짓	• 손을 등 뒤로 돌려 손목을 비튼다. • 한 손으로 얼굴을 문지른다. • 주먹으로 탁자 끝을 내리친다.
	목소리	• 말투가 다급하다. • 욕을 주절거린다. • 과장해서 콩콩거린다.
	행동	• 행동이 조급하고 변덕스럽다. • 중간쯤 가다 갑자기 발길을 돌린다. • 문을 쾅 닫는다.
	몸가짐	• 생각 없이 불쑥 말해놓고 후회한다. • 경직된 자세, 굳은 근육, 잔뜩 뭉쳐있는 목 상태이다. • 조급함에 실수를 자주 저지른다.
생체 반응		• 목구멍이 꽉 막힌 기분이 든다. • 흉부 압박감이 있다. • 혈압이 상승한다.
심리 반응		• 문제해결에만 극도의 주의력을 기울인다. • 마음을 가라앉히고자 혼잣말을 웅얼거린다. • 어떤 장면이나 상황을 반복해서 떠올리며 그 일에 집착한다.
장기간 지속할 때 나타나는 징후		• 발을 쾅쾅 구르며 걷는다. • 물건을 놓을 때 내팽개친다. • 쓸데없이 일에 힘을 많이 소모한다.
향후 발전 가능한 정서 유형		• 환멸, 분노, 안달복달

04 불쾌-비각성과 관련된 정서 유형

가. 우울한/침울한 정서

우울한 또는 침울한 정서는 어둡거나 깊이 가라앉은 상태로서, 신체 반응(얼굴, 손짓, 목소리, 행동, 몸가짐), 생체 반응, 심리 반응, 장기간 지속할 때 나타나는 징후, 향후 발전 가능한 정서 유형 등 <표 10>과 같이 정리할 수 있다.

✔ 〈표 10〉 우울한/침울한 정서의 다양한 반응 및 징후

구분		특징
신체 반응	얼굴	• 시선을 내리까는 경향이 있고 멍한 무표정을 한다. • 내부로 향해 있는 시선 또는 초점 없는 응시를 한다. • 어둡거나 심각해 보이는 눈빛을 하고 사색에 잠긴 표정을 한다.
	손짓	• 주머니에 손을 깊이 찔러 넣는다. • 무의식적으로 손톱을 물어뜯는다. • 뒷짐 진 자세를 한다.
	목소리	• 감정이 실리지 않는 목소리를 한다. • 말하기 전에 계속 머뭇거린다. • 목소리가 기어들어간다.
	행동	• 매우 느린 걸음걸이를 한다. • 칙칙하고 색깔 없는 옷만 골라 입는다. • 부자연스러워 보이는 침묵을 한다.
	몸가짐	• 움직임 없이 딱 멈춰있는 자세를 한다. • 음식과 음료에서 아무런 맛도 느낄 수 없다. • 연체동물처럼 늘어진 자세를 한다.
생체 반응		• 피로감이 있고 에너지 결핍이 있다. • 팔다리나 근육이 무겁다. • 뭔가에 잔뜩 짓눌려 있는 기분이 든다.
심리 반응		• 축 가라앉은 기질이다. • 혼자 있고 싶다는 욕구가 든다. • 부정적인 관점이 있다.
장기간 지속할 때 나타나는 징후		• 자기와 감정 상태가 다른 사람을 피한다. • 취미 활동이나 유흥에도 관심이 없어진다. • 다른 사람이 뭘 필요로 하는지 알아채지 못한다.
향후 발전 가능한 정서 유형		• 우울증, 체념

나. 슬픈/비애에 빠진 정서

슬픈 또는 비애에 빠진 정서는 약이 오르거나 가벼운 격앙 상태로서, 신체 반응(얼굴, 손짓, 목소리, 행동, 몸가짐), 생체 반응, 심리 반응, 장기간 지속할 때 나타나는 징후, 향후 발전 가능한 정서 유형 등 <표 11>과 같이 정리할 수 있다.

◐ 〈표 11〉 슬픈/비애에 빠진 정서의 다양한 반응 및 징후

구분		특징
신체 반응	얼굴	• 눈이 붉게 물들어 있다. • 자신의 손만 멍하니 내려다본다. • 표정이 늘 어둡고 촉촉이 젖은 흐릿한 눈을 가진다.
	손짓	• 손으로 얼굴을 가린다. • 양팔 사이에 고개를 파묻는다. • 주먹을 가슴에 대고 문지르거나 누른다.
	목소리	• 울부짖는다. • 생기 없고 단조로운 목소리를 한다. • 코를 훌쩍거린다.
	행동	• 자신의 감정을 투사할 만한 징표를 움켜쥔다. • 자신의 빈손을 멀거니 바라본다. • 무거운 발걸음을 한다.
	몸가짐	• 움찔하고 놀란다. • 외부 세계와의 상호작용이 점점 줄어든다. • 똑바로 앉아 있지 못하고 언제나 몸을 축 늘어뜨린다.
생체 반응		• 가슴이 아파 견디지 못할 정도다. • 목구멍이 따갑다. • 콧물이 질질 새어나온다.
심리 반응		• 대답하거나 질문하기가 어려워진다. • 슬픔에서 벗어나고 싶다. • 술이나 친구를 찾는다.
장기간 지속할 때 나타나는 징후		• 통절하게 울부짖는다. • 식욕이 저하된다. • 호흡과다 증후군이나 호흡이 가빠지는 증세에 시달린다.
향후 발전 가능한 정서 유형		• 향수, 우울증, 고독감

정서지능과 정서조절

01 정서지능

　　정서지능은 정서와 지적 능력이 결합된 개념으로서, 정서지능이 높으면 상대방의 사고, 감정, 의도 등을 추론하고 자신의 입장과 통합할 수 있으며, 다른 사람과 효율적으로 상호작용을 하고 바람직한 인간관계를 형성하고 유지할 수 있다. 정서지능은 개인의 잠재력을 향상시키며 동기를 부여해 주고 절망적인 상황에서 의욕을 잃지 않도록 한다. 또 순간적인 만족을 지연시킬 수 있으며, 기분을 조절하여 사고능력을 방해하지 않도록 하고 감정이입능력을 향상시킨다. 정서지능은 발달적 과정을 거쳐 형성되는데 정서의 인식과 표현, 정서를 이용한 사고 촉진하기, 정서적 지식 활용하기, 정서조절의 순서로 위계적으로 발달한다. 이러한 정서지능의 심리적 작동 기제를 도식화하면 [그림 2]와 같다(곽윤정, 2004).

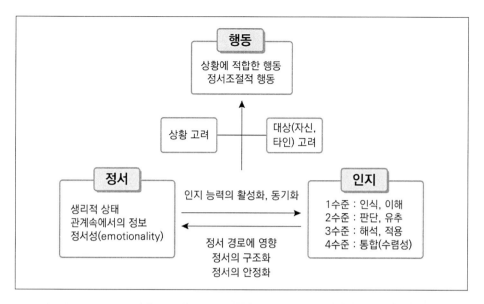

[그림 2] 정서지능의 심리적 작동 기제

특히 Mayer와 Salovey(1990)는 '정서지능(emotionalintelligence)'이라는 용어를
최초로 사용하였는데, 정서지능은 자신과 타인의 정서를 평가하고 표현할 줄 아
는 능력, 자신과 타인의 정서를 효과적으로 조절할 줄 아는 능력, 자신의 삶을
계획하고 성취하기 위해서 정서를 활용할 줄 아는 능력'으로 정의하였다.
Salovey와 Mayer(1990)가 초기에 주장한 정서지능의 개념에는 첫째, 자기자신과
타인의 정서를 평가하고 표현하는 것, 둘째, 자기 자신과 타인의 정서를 조절하
는 것, 셋째, 사고·추론·문제해결·창의성 등에 있어서 정서를 적응적으로 사
용하는 것 등의 세 가지 필수요인이 포함되어 있다. 이 세 가지 구성요인은 정
서 정보를 포함하고 처리하는 정신 과정들이다. 이 처리 과정들은 모든 사람에
게 공통적이기는 하지만 처리하는 능력과 유형에서 나타나는 개인차도 존재한
다. 또한, Salovey와 Mayer(1990)는 정서지능의 구성요소를 [그림 3]과 같이 도
식화하고 3영역 10요소 모형으로 <표 12>와 같이 정리하였다.

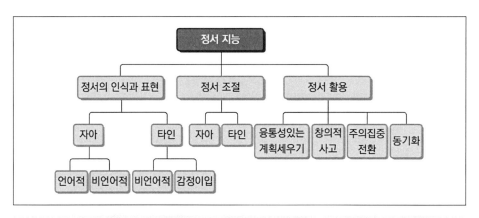

[그림 3] 정서지능의 초기 모형

❷ 〈표 12〉 정서지능의 3영역 10요소 모형

3영역	10요소
영역 Ⅰ 정서의 인식과 표현	[요소 1] 자기 정서의 언어적 인식과 표현 [요소 2] 자기 정서의 비언어적 인식과 표현 [요소 3] 타인 정서의 비언어적 인식과 표현 [요소 4] 감정이입
영역 Ⅱ 정서의 조절	[요소 5] 자기의 정서조절 [요소 6] 타인의 정서조절
영역 Ⅲ 정서의 활용	[요소 7] 융통성 있는 계획 세우기 [요소 8] 창조적 태도 [요소 9] 주의 집중의 전환 [요소 10] 동기화

Salovey와 Mayer(1990)가 주장하는 3영역의 특징을 정리하면 <표 13>과 같이 정리할 수 있다.

◎ 〈표 13〉 정서지능 3영역의 특징

구분	특징
정서 인식과 표현	• 정서지능의 가장 기본적이면서 중요한 영역 • 자신의 정서를 보다 빠르게 지각하고 반응하는 사람이 자신의 감정에 적절하게 반응하며, 나아가 타인에게 자신의 정서를 보다 잘 표현할 뿐만 아니라, 타인의 감정과 기분을 이해하며 공감하는 능력 • 정서를 인식하고 표현하는 데에는 언어적 행동과 비언어적 행동을 모두 포함 • 자신의 인생을 보다 적절하게 이끌어갈 뿐만 아니라 개인적 결정의 순간에 어떤 감정을 가져야 할지에 대해 정확히 인식하며, 혼란스러운 상황에서도 생산적이고 효율적으로 일을 할 수 있음
정서조절	• 자신과 타인의 정서를 통제하고 조절하는 능력과 관련이 있으며, 자신과 타인의 정서에 대한 정확한 인식을 바탕으로 정서를 상황과 맥락에 맞도록 변화시키거나 긍정적인 상태로 변화·유지시킬 수 있는 능력 • 감정이나 기분 상태를 처리하는 과정을 더욱 강조한 것으로, 처리과정의 능숙도에 따라 특정 목표에 도달하는 능력 • 분노, 흥분, 우울, 불안을 쉽게 떨쳐 버리고 좌절과 혼돈에서 빨리 벗어날 수 있음
정서 활용	• 사고, 추리, 문제해결, 창의적 과제를 해결할 때 정서를 적응적으로 활용하는 능력 • 정서와 기분을 적응시켜 보는 능력 • 융통성 있는 계획 세우기, 창의적 사고, 주의집중의 전환, 동기화 등의 문제해결에서 정서를 활용하는 능력 포함 • 정서를 적응적으로 사용한다는 것은 문제해결과 논리적 추론 등을 돕기 위해 정서를 적응적으로 사용할 수 있다는 것으로, 어떤 기분이냐에 따라 문제해결의 결과가 달리 나타날 수 있음 • 정서적으로 성숙한 사람은 자신의 기분을 상황에 맞게 적응시킬 수 있음 • 인기, 지도력, 대인 관계 효율성과 관련된 영역 • 감정을 지각하고 조절하는 것을 강조하나, 감정에 대한 사고를 포함시키고 있지 않음

특히 Salovey와 Sluyter(1997)는 정서지능의 개념을 좀 더 정교화하여 첫째, 정서를 정확히 지각하고 평가하며 표현하는 능력이며, 둘째, 사고를 촉진하는 감정을 생성시키고 접근하는 능력이고, 셋째, 정서와 정서에 관한 지식을 이해하는 능력이며 넷째, 정서적이고 지적인 성장을 증진시키는데 도움이 되는 정서조절능력으로 정의하였다. 즉, 정서지능을 3영역 10요소로 구분한 것과는 달리, 4영역 4수준 16요소로 구분할 것을 제안하였다(<표 14> 참조).

✅ 〈표 14〉 정서지능 4영역 16요소

영역	수준
영역 Ⅰ: 정서의 인식과 표현	[수준1] 자신의 정서를 파악하기 [수준2] 자기 외부의 정서를 파악하기 [수준3] 정서를 정확하게 파악하기 [수준4] 표현된 정서들을 구별하기
영역 Ⅱ: 정서의 사고 촉진	[수준1] 정서 정보를 이용하여 사고의 우선순위 정하기 [수준2] 정서를 이용하여 판단하고 기억하기 [수준3] 정서를 이용하여 다양한 관점 취하기 [수준4] 정서를 활용하여 문제해결 촉진하기
영역 Ⅲ: 정서지식의 활용	[수준1] 미묘한 정서 간의 관계를 이해하고 명명하기 [수준2] 정서 속에 담긴 의미를 해석하기 [수준3] 복잡하고 복합적인 감정을 이해하기 [수준4] 정서들 간의 전환을 이해하기
영역 Ⅳ: 정서의 반영적 조절	[수준1] 정적·부적 정서들을 모두 받아들이기 [수준2] 자신의 정서에서 거리를 두거나 반영적으로 바라보기 [수준3] 자신과 타인의 관계 속에서 정서를 반영적으로 들여다보기 [수준4] 자신과 타인의 정서를 조절하기

또한, Salovey와 Mayer(1996)는 정서지능에서 사고와 지적 능력의 중요성을 강조하여 '정서의 사고 촉진 영역'이나 '정서적 지식의 활용'영역을 추가한 새로운 모형을 제시하였다. 이 네 가지 영역은 정서의 인식과 표현, 사고의 정서적 촉진, 정서의 활용, 정서의 조절 등이다(<표 15> 참조).

✅ 〈표 15〉 정서지능 4영역의 특징

정서의 인식, 평가 표현
• 신체적, 심리적 상태의 정서를 규명하는 능력
• 타인과 대상의 정서를 규명하는 능력
• 정서를 정확하게 표현하고 그 감정과 관련된 요구를 표현하는 능력
• 정확한 감정과 부정확한 감정, 솔직한 감정과 그렇지 않은 감정, 표현 등의 차이를 구별하는 능력
사고에 대한 정서의 촉진
• 외부와 관계 있는 감정에 따라 사고의 방향을 재설정하고 우선순위를 매기는 능력
• 감정과 관련 있는 판단, 기억을 촉진하기 위하여 생생한 정서를 발생시키는 능력
• 다양한 관점을 취해보기 위하여 기분의 흐름을 이용하는 능력과 이러한 기분으로 유도된 관

점을 통합하는 능력
• 문제해결과 창의성을 촉진하기 위하여 정서 상태를 활용하는 능력

정서 정보의 이해와 분석: 정서 지식 활용

• 다양한 정서가 어떻게 관련되어 있는지 이해하는 능력
• 감정의 원인과 결과에 대하여 인식하는 능력
• 복합적인 정서와 서로 상반된 감정 상태와 같이 복잡한 감정을 해석하는 능력
• 감정 간의 추이와 같은 것을 이해하고 예측하는 능력

정서의 반성적 조절

• 유쾌한 감정, 불쾌한 감정 모두를 받아들이는 능력
• 정서를 모니터하고 반성적으로 생각하는 능력
• 정보성과 유용성을 판단하여 정서 상태를 느껴보고, 지연해 보고, 객관적으로 생각해보는 능력
• 자신과 타인의 정서를 조절하는 능력

이 영역들은 정서 인식이라는 기본적 심리과정으로부터 정서의 조절이라는 고차원의 통합된 심리 과정으로 배열된다. 이러한 모형은 초기의 정서지능 모형과 다른 점을 가지고 있다(김삼곤, 2008). 첫째, 정서와 사고를 좀 더 명백히 관련시켜 한편으로는 정서지능과 지능과의 공통성을 부각시키면서, 다른 한편으로는 일반지능과의 변별성을 높이고자 노력하였다. 둘째, 정서지능을 구성하는 여러 가지 능력들을 '위계(능력의 중요성에 따른 위계)'와 '수준(복잡성의 증가에 따른 발달 수준)'으로 구분하였다.

한편, Goleman(1995)은 정서지능의 개념을 좀 더 폭넓게 정의하여 정서와 연합된 일련의 적응적인 특징들을 포함시켜 자기 자각, 정서조절, 동기화, 공감, 인간관계 능력 등 5가지 차원으로 구성하였다(<표 16> 참조).

☑ 〈표 16〉 정서지능 5가지 차원

구분	특징
자기자각	• 자신의 정서에 대한 인식 능력 • Salovery와 Mayer의 정서 인식 차원과 동일
정서조절	• 만족을 지연하고 충동을 조절하는 능력 • 분노, 우울, 스트레스 등의 감정을 적절히 통제 및 표현하는 능력
동기화	• 자신의 마음에 동기를 유발하는 능력 • 목표가 있을 때 그 목표에 주의를 집중할 수 있고 목표 달성을 위해 일시적으로 자신의 만족이나 충동을 억제하고 지연시킬 수 있으며 자신의 행동을 적절하게 동기화하여 성취할 수 있는 능력

구분	특징
공감	• 타인의 감정을 공감하는 능력 • 타인의 정서 상태를 정확하게 읽고 분별하며 이해하는 능력
인간관계 능력	• 인간관계 관리하는 능력 • 타인의 정서적 반응이나 대인관계에서 나타나는 문제를 잘 다룰 수 있고 타인과 성숙하고 유연하게 상호작용할 수 있는 능력

이 외에도 곽윤정(2004)은 정서지능을 정서 인식, 정서촉진, 정서지식활용, 정서조절 등 4개 영역으로 구분하고 3개 수준으로 구성하였다([그림 4] 참조).

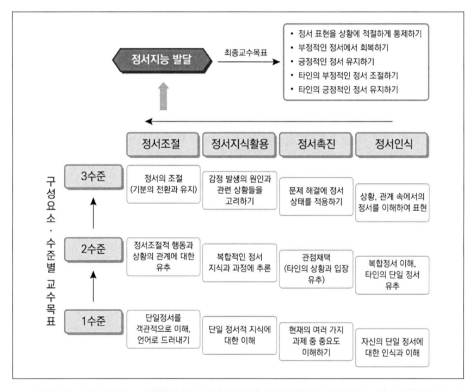

[그림 4] 정서지능의 4영역 및 3수준

02 정서조절

정서조절은 자신의 감정을 손상시키지 않으면서 상대방의 생각, 감정, 의도 등을 이해하여 융통성 있게 대처하는 능력으로서, 자신의 감정 상태의 강도와 지속기간을 조정하며 필요한 경우에는 자신의 감정표출을 지연하고, 또한 사회적으로 바람직한 방법으로 반응하는 능력이다. 이 조절은 자신이 경험한 부정적 정서를 바람직한 형태로 표현하거나 감소시키는 것뿐만 아니라 타인의 정서변화도 가져온다. 이러한 정서조절능력은 사회적 적응을 예측할 수 있는 중요 변인이며 정서조절수준이 낮으면 공격적 행동과 같은 문제행동, 또래관계 형성의 어려움, 정신병리적 문제를 야기할 가능성이 높다.

특히 Kopp(1982)는 정서조절을 긍정적인 정서와 부정적인 정서 간의 균형과 조화를 이루는 것으로 보았고, Western(1994)도 정서를 긍정적인 것과 부정적인 것으로 구분하고 정서조절을 유쾌한 정서를 극대화하고 불쾌한 정서를 최소화하는 의식적, 무의식적 과정으로 정의하였다. Thompson(1994)는 정서조절이란 어떤 목표를 수행하기 위해 정서 반응을 모니터링, 평가, 수정하는데 관계되는 외적, 내적 과정으로 정의하였고, Lazarus(1966)는 정신분석적 입장에서 부정적인 정서를 총칭하는 개념으로서 원자아, 자아, 초자아 사이의 갈등이 이용 가능한 정신 에너지의 통제를 넘어설 때 생기는 긴장 상태를 불안으로 보고 이러한 불안은 개인으로 하여금 정서를 조절하도록 동기화 시킨다고 하였다(Corey, 1966).

또한, 많은 학자들은 정서조절을 능력적인 측면을 강조하여 정의하고 있다. Harris(1993)는 정서를 조절하는 것은 긍정적 정서 혹은 부정적 정서가 높아지는 상황에서 적응적으로 대처하는 행동이나 과정으로 극적인 상황에서 정서적 반응을 바꿀 수 있는 능력으로 정의하고 있으며, Gottman과 Kate(1989)도 정서조절을 능력으로 보고 있다. 또한 정서지능 연구자인 Mayer와 Salovey(1993)도 정서조절은 정서지능의 한 가지로 바라보고, 자신과 타인의 정서를 조절할 줄 아는 능력을 포함하며 자신의 정서를 정확하게 인식하고 조율하는 능력과 타인의 정서를 인식하고 이를 효과적으로 다룰 수 있는 능력으로 정의하고 있다.

또한, 효과적으로 정서조절을 하기 위해서는 단순히 공격행동과 같은 부정적 행동들을 억제하는 것뿐만 아니라 정서적으로 자극되는 상황에서 유연하게 전략적으로 반응할 수 있어야 한다(박은민, 2008). 즉 정서조절은 긍정적·부정적 정서에 대해서 정서적 각성을 증진하고, 유지하며 조율하는 능력으로 부정적 정서 표현을 조율하는 능력일 뿐만 아니라 긍정적 정서까지도 조율하는 능력을 포함하고 있다.

한편, 정서조절능력을 향상시키는 데에 인지적, 행동적, 생리적, 체험적 전략이 있다. 첫째, 인지적 전략은 부정적 정서에 대한 생각이나 신념을 변화시킴으로써 정서를 조절하는 것으로서 반추, 파국화, 인지적 재평가, 인지 재구조화, 합리화, 수용, 주의이동 등의 기법이 적용된다. 둘째, 행동적 전략은 부정적 정서에 대하여 바람직하고 긍정적인 행동을 학습하도록 하는 것이다. 예를 들면, 영화 관람, 악기연주, 그림 그리기, 조언 구하기 등으로 부적응적 반응수정, 상황수정, 문제 중심 행동 등이 있다. 셋째, 생리적 전략은 심장박동, 혈압 등의 생리적 현상을 변화시킴으로써 정서를 조절하는 기법이다. 호흡, 명상, 이완 등이 있다. 넷째, 체험적 전략은 직접적인 정서적 체험으로 정서를 조절하는 기법이다. 예를 들면, 정서 자각하기, 느끼기, 웃기, 소리 지르기, 공감하기, 즐거운 것 상상하기, 행복한 사건 기억하기 등이 있다.

정서조절능력을 효과적으로 향상시키기 위한 행동적 전략과 인지적 전략의 예시는 [그림 5], [그림 6]과 같이 도식화할 수 있다(Parkinson & Totterdell, 1999).

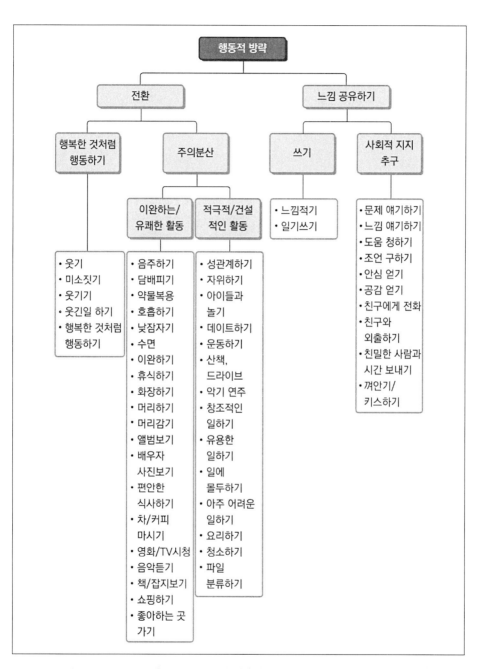

[그림 5] 정서조절의 행동적 전략(예시)

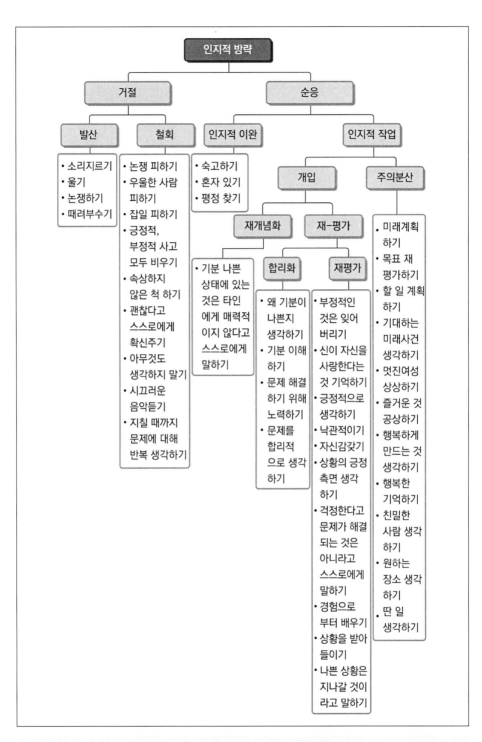

[그림 6] 정서조절의 인지적 전략(예시)

지금까지 살펴본 바와 같이 정서조절은 인지적 측면, 행동적 측면, 체험적 측면으로 구분하고 있기 때문에, 정서조절 전략 및 치료적 접근 방법도 차별화하여 맞춤형으로 실시할 필요가 있다(이지영, 2008).

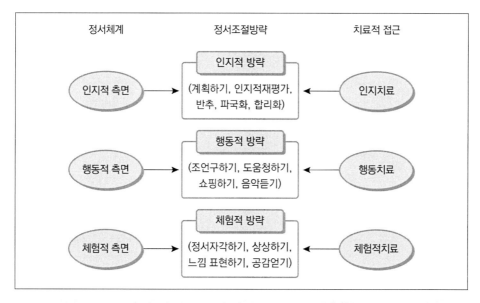

[그림 7] 정서조절 전략 및 치료적 접근 방법

정서조절전략을 사용하는 측정도구로서, 인지적 전략(능동적으로 생각하기, 수동적으로 생각하기, 인지적으로 수용하기, 부정적으로 생각하기, 타인 비난하기 등), 체험적 전략(즐거운 상상하기, 타인에게 공감이나 위안 얻기, 감정 수용하기, 타인에게 부정적 감정 분출하기, 안전한 상황에서 부정적 감정 분출하기 등), 행동적 전략(문제해결 행동 취하기, 조언이나 도움 구하기, 친밀한 사람 만나기, 기분전환 활동하기, 폭식하기, 탐닉 활동하기 등)으로 검사도구가 구성되어 있고(<표 17> 참조), 구체적인 정서조절전략 검사도구는 5점 Likert 척도 형식의 총 69개 문항으로 <표 18>과 같이 구성되어 있다(이지영, 2008).

◉ 〈표 17〉 정서조절전략 검사도구 구성요소 및 문항

구분		특징	문항 번호
인지적 전략	능동적으로 생각하기	• 불쾌한 감정의 원인과 유발되는 과정을 파악하고 이해하려는 방법 • 불쾌한 감정을 유발한 부정적인 생각을 좀 더 긍정적이고 대안적인 생각으로 바꾸는 방법 • 처한 상황이나 문제를 변화시킬 수 있는 방법을 구체적으로 계획하는 방법	1, 5, 13, 19, 34, 45, 52, 64
	수동적으로 생각하기	• 불쾌한 생각을 회피하는 방법 • 자신에게 위안이 되는 말을 함으로써 좀 더 나은 기분을 유도하는 방법	7, 11, 18, 22, 37, 61
	인지적으로 수용하기	• 자신에게 일어난 일을 그대로 받아들이고 수용하는 방법	3, 27, 51
	부정적으로 생각하기	• 불쾌한 감정과 관련된 자극이나 사건에 대한 부정적인 측면을 반복해서 떠올리는 방법 • 걱정하는 방법과 파국적으로 생각하는 방법 • 자신의 행동을 후회하고 자신을 비난하는 생각을 하는 방법	10, 26, 35, 42, 50, 57, 63, 68
	타인 비난하기	• 불쾌한 감정이나 상황의 원인을 타인에게 돌리는 생각을 함으로써 좀 더 나은 감정을 유도하려는 방법	12, 28, 39, 53
체험적 전략	즐거운 상상하기	• 행복하고 즐거운 장면을 떠올림으로써 불쾌한 감정을 줄이려는 방법	9, 23, 38, 62
	타인에게 공감이나 위안 얻기	• 주변 사람들에게 자신의 감정을 표현하고 공감이나 위안을 얻는 방법	4, 15, 41, 54
	감정 수용하기	• 불쾌한 감정을 있는 그대로 느끼고 받아들이는 방법	8, 40, 44, 65
	타인에게 부정적 감정 분출하기	• 불쾌감을 유발한 상대방이나 주변 사람들에게 화나 짜증을 냄으로써 자신의 불쾌감을 해소하는 방법	6, 24, 56
	안전한 상황에서 부정적 감정 분출하기	• 누군가에게 부정적인 영향을 끼치지 않는 안전한 상황에서 불쾌한 감정을 표현하고 분출하는 방법	17, 31, 48

구분		특징	문항 번호
행동적 전략	문제해결 행동 취하기	• 불쾌한 감정을 느끼게 되었을 때 감정을 유발한 대상이나 상황을 개선하거나 해결할 수 있는 구체적인 방법을 행동으로 취하는 방법	14, 30, 49, 58
	조언이나 도움 구하기	• 처한 상황이나 문제를 변화하거나 해결하기 위해 주변 사람들에게 조언을 구하거나 직접 도움을 요청하는 방법	2, 20, 47, 66
	친밀한 사람 만나기	• 친밀한 사람과의 만남을 통해 위안과 안정감을 주고 불쾌한 감정을 줄이는 방법	25, 43, 67
	기분전환 활동하기	• 불쾌한 기분에서 벗어날 수 있도록 즐겁고 유쾌한 활동을 하는 방법	16, 36, 46, 60
	폭식하기	• 불쾌한 기분이 들 때 일시적 포만감을 느끼기 위해 음식을 많이 먹는 방법	21, 33, 69
	탐닉 활동하기	• 불쾌한 감정이 들 때 자신을 흥분시키거나 적극적인 대상을 찾는 방법	29, 32, 55, 59

◑ 〈표 18〉 자기 보고식 정서조절전략 검사도구 예시

구분	문항	거의 그렇지 않다	가끔 그렇다	때때로 그렇다	자주 그렇다	거의 항상 그렇다
1	처한 상황이나 문제를 합리적으로 생각하려 노력한다.					
2	문제해결을 위해 도움을 줄 수 있는 사람에게 구체적인 도움을 부탁한다.					
3	일어나버린 상황에 대해 어쩔 수 없음을 받아들인다.					
4	내가 어떻게 느끼는지 누군가에게 이야기한다.					
5	왜 이런 기분을 느끼게 되었는지 이해하려고 노력한다.					
6	상대방이나 주변 사람들에게 화를 낸다.					
7	스스로에게 괜찮다고 말한다.					
8	느껴지는 감정을 부정하지 않고 수용하려 한다.					
9	행복했던 기억을 떠올려 본다.					
10	처한 상황이나 문제의 부정적인 측면에 대해 반복적으로 생각한다.					

구분	문항	거의 그렇지 않다	가끔 그렇다	때때로 그렇다	자주 그렇다	거의 항상 그렇다
11	부정적인 것은 잊어버리려 노력한다.					
12	그 일의 원인이 기본적으로 다른 사람에게 있다고 생각한다.					
13	이 일을 달리 해석해 볼 수 없는지 생각해 본다.					
14	처한 상황이나 문제를 개선하거나 해결하기 위한 구체적인 일을 실행에 옮긴다.					
15	누군가 나를 이해하고 위로해 주길 바란다.					
16	불쾌한 기분에서 벗어날 수 있도록 즐거운 장소에 간다.					
17	혼자 있거나 안전한 장소에서 소리를 크게 질러 본다.					
18	처한 상황이나 문제와 관련 없는 다른 일을 생각한다.					
19	지금 하고 있는 행동이나 생각이 나에게 얼마나 도움이 될 것인지 생각해 본다.					
20	처한 상황이나 문제에 대해 무언가 구체적인 일을 할 수 있는 사람과 이야기한다.					
21	폭식을 한다.					
22	나쁜 상황은 금방 지나갈 거라고 스스로에게 말한다.					
23	나를 행복하게 하는 것들을 떠올려 본다.					
24	주변 사람들에게 짜증을 낸다.					
25	평소 좋아하는 사람을 만나 시간을 보낸다.					
26	앞으로 일어날 일에 대해 자꾸만 안 좋은 쪽으로 생각한다.					
27	일은 이미 일어났고 어떻게든 달라질 수 없음을 받아들이려 한다.					
28	그 일이 다른 사람 잘못이라고 생각한다.					
29	담배를 피운다.					
30	처한 상황이나 문제를 보다 나은 방향으로 해결할 수 있도록 차근차근 행동을 취한다.					
31	혼자 있거나 안전한 장소에서 화장지나 종이 등의 물건을 찢거나 부수면서 불쾌한 감정을 해소하려 한다.					
32	성적 행위(자위나 성관계 등)를 한다.					

구분	문항	거의 그렇지 않다	가끔 그렇다	때때로 그렇다	자주 그렇다	거의 항상 그렇다
33	음식을 마구 먹어댄다.					
34	상황이 왜 잘 진행되지 않았는지 평가한다.					
35	내가 겪은 일이 얼마나 끔찍한지 계속 생각한다.					
36	기분을 전환하기 위해 산책이나 드라이브를 한다.					
37	자신에게 위안이 되는 말을 되뇌인다.					
38	마음이 편안해지거나 기분이 좋아지는 자연경관을 머릿속에 그려본다.					
39	처한 상황이나 문제가 다른 사람의 탓이라고 생각한다.					
40	불쾌한 감정을 충분히 느끼려고 한다.					
41	상대방이나 주변 사람들에게 내 감정을 정확하게 표현하려 한다.					
42	안 좋은 일이 일어나게 될지 모른다고 계속해서 걱정한다.					
43	편한 친구나 가족을 만난다.					
44	불쾌한 감정을 있는 그대로 받아들이려고 한다.					
45	처한 상황으로부터 배울게 있을거라 생각한다.					
46	과거에 기분을 좋게 해주었던 활동을 한다.					
47	어떻게 하는 것이 좋을지 선배나 권위자에게 조언을 구한다.					
48	혼자 있거나 안전한 장소에서 욕이나 심한 말을 함으로써 불쾌한 감정을 해소하려 한다.					
49	처한 상황이나 문제를 잘 처리할 수 있는 방법을 취한다.					
50	상황이 다르게 전개되었더라면 하는 생각을 반복적으로 한다.					
51	이미 일어난 일이라는 사실을 받아들인다.					
52	처한 상황을 변화시킬 수 있는 방법에 대해 생각해 본다.					
53	그 일에 대해 다른 사람의 책임이라고 생각한다.					
54	다른 사람에게 공감이나 이해를 구하려 한다.					
55	취할 때까지 술을 마신다.					

구분	문항	거의 그렇지 않다	가끔 그렇다	때때로 그렇다	자주 그렇다	거의 항상 그렇다
56	상대방이나 다른 사람에게 자꾸 시비를 건다.					
57	불쾌한 감정을 유발했던 대상이나 상황을 반복해서 생각한다.					
58	문제를 해결하기 위해 구체적인 행동을 취한다.					
59	컴퓨터 게임을 한다.					
60	친구와 함께 즐겁고 유쾌한 활동을 한다.					
61	그 일에 대해 너무 깊이 생각하지 않으려고 한다.					
62	과거에 즐거웠던 일들을 생각해 본다.					
63	처한 상황이나 문제와 관련해 내가 실수하거나 잘 못한 점들을 계속해서 떠올린다.					
64	앞으로 어떻게 할지 행동에 대한 계획을 세운다.					
65	불쾌한 감정에 대해 부정하지 않고 받아들이려 한다.					
66	처한 상황이나 문제에 대해 무엇을 할지 다른 사람 에게 조언을 구한다.					
67	친밀한 사람과 함께 시간을 보낸다.					
68	내게 어떤 문제가 있을 거라는 생각을 반복한다.					
69	필요 이상으로 많이 먹는다.					

CHAPTER 03

정서와 스트레스

01 스트레스의 이해

가. 스트레스 개념 및 특징

'스트레스'라는 말은 '팽팽하게 죄다', '바짝 잡아당기다'라는 뜻을 가진 라틴어 'stinger'에서 유래되었다. 이후 14세기 초까지는 고난, 곤경, 역경, 고뇌, 번민, 불쾌감과 같은 용어들로 사용되어 왔다(김선영, 2012). 그 후 18세기에는 압력, 중압감 또는 많은 수고 등을 뜻하는 것으로 주로 개인의 생체 내지 정신력과 관련하여 쓰였으며, 이후 19세기와 20세기에 걸쳐서는 스트레스를 일으키는 요인으로 인하여 좋지 않은 건강 상태나 정신 질병을 일으킨다고 생각하였다(옥성수, 2012). 또한, 스트레스는 개인이 가지고 있는 자원의 한계를 초과하고 자신의 안녕을 위협한다고 평가되는 환경과 개인 간의 특정한 관계(Lazarus & Folkman, 1984)로 보았다.

오늘날의 스트레스 개념이 의학계에 소개되고, 1920년대에 스트레스를 전문적인 학문 분야로 발전시킨 캐나다의 의학자 Hans Selye가 '일반 적응 증후군(general adaptation syndrome: GAS)'이라는 개념을 발표하면서 스트레스가 신체 부위에 영향을 준다고 생각하기에 이르렀다. 그는 신체 질병과 스트레스의 관계를 나타내는 사례를 제시하여 대중이 스트레스의 중요성에 관심을 두게 하였다.

GAS는 경계단계, 저항단계, 소진단계 3단계로 나뉜다.

첫번째 단계는 경계단계로서 다시 두 가지 하위단계로 나뉘는데, 먼저 유해 자극에 대한 최초의 즉각적인 반응단계인 충격기에는 맥박이 빨라지고 근육 긴장도의 상실, 체온 감소, 혈압 감소 등의 징후가 나타난다. 다음은 역충격기로서 방어계획의 일종인 반동 반응이 일어나는데 이때는 부신피질이 확대되어 부신 피질 호르몬이 증가하게 된다. 부신피질 호르몬은 체내의 무기질 수준을 조절하여, 염류피질 호르몬 뉴런의 흥분 정도를 강화시키거나 체내의 단백질과 지방질을 포도당으로 전환시켜 당류부신피질 호르몬 에너지로 하여금 긴급 상황에 대처하도록 해 준다. 그러나 유기체는 계속해서 경계단계에만 머무를 수 없다. 왜냐하면 유해 자극이 매우 강해서 생명을 유지할 수 없게 되면 몇 시간 또는 며칠 내에 경계단계에서 죽어버리기 때문이다.

또한, 유기체가 생존하기 위해서나 스트레스 요인이 계속해서 존재하게 되면 두 번째 단계인 저항단계에 들어가게 된다. 저항단계에서는 유기체가 스트레스 요인에 최대한으로 적응하는 단계로 증상의 소멸 및 발전이 결정된다. 그러나 스트레스 요인과의 투쟁에서 계속해서 유해자극에 노출되면 피로, 불안, 긴장 등이 나타나고 사람들은 스트레스에 대처하는 극히 제한된 에너지, 집중력밖에 없어서 스트레스에 대처하는 동안 상당히 높은 병적 증상에 놓이게 된다. 이때, 어렵게 획득한 적응력은 다시 기능을 잃게 되어 유기체의 조직 체계는 소진단계라는 세 번째 단계에 이르게 되는데 유기체 적응력은 제한되어 있기 때문에 동일한 스트레스 요인에 계속 노출되면 소진상태에 빠지게 된다.

Selye는 위와 같은 단계를 거치는 GAS의 개념을 스트레스의 결과가 신체 부위에 영향을 준다는 뜻에서 일반적이라 불렀고, 스트레스 요인으로부터 신체를 적응 또는 대처시키기 위해 세련된 방어 수단을 동원하기 때문에 적응이라 불렀다. 그리고 일종의 반응이 나타나기 때문에 증후라고 불렀다. 결국 스트레스는 스트레스 유발 요인에 대처하여 동질정체(homeostasis) 상태를 유지하기 위한 생리적 반응 즉, '전투 아니면 도피'의 과정으로 설명할 수 있다.

특히 세계보건기구(WHO)에서는 스트레스는 마음을 쓰는 데서 일어나는 생리현상으로 몸의 각 기관이 그 부담을 보이지 않게 감당하는 것을 스트레스 반응이라고 규정하였고, 이와 같은 부담에 신체기능을 지나치게 허용함으로 인해 생기는 기능의 이상 현상을 스트레스라고 하였다. 또한, 심리적 스트레스는 개인이 가진 자원을 청구하거나 한계를 초과하며, 개인의 안녕을 위협한다고 평가되는 인간과 환경 간의 특정한 관계라고 정의하고 있으며, 개인의 환경과 대처자원에 대한 주관적인 평가를 스트레스 핵심요인으로 주장하고 있다(Lazarus & Folkman, 1986). 심리적 사건들이 물리적 스트레스 요인과 동일한 스트레스 반응을 일으킬 수 있다고 하면서 스트레스가 너무 극심하거나 지속될 때 심리적 또는 신체적 질병의 원인이 될 수 있고 최소한 특정 질병을 더욱 악화시킬 수 있다고 하였다(신희연, 2005).

한편, Selye는 스트레스의 상태를 4가지로 분류하였는데, 개인에게 각성을 주는 긍정적인 가치를 지닌 유익한 스트레스를 Eustress라 하고 해롭고 유해한 부정적인 의미의 스트레스를 Distress라 분류하였다. 스트레스를 부정적인 측면뿐만 아니라 긍정적인 가치의 양면을 포괄하는 것이며 긍정적인 가치를 포함하고 있는 경우를 순기능 스트레스, 부정적 가치를 포함하는 경우를 역기능 스트레스라 하였다(김정휘·고흥화, 1994). 이런 주장은 적정 수준의 스트레스가 조직에 순기능적 역할을 할 수도 있다는 가정을 포함한다. 이 적정 스트레스의 개념을 최초로 도입한 사람은 Yerkes와 Dodson이다. 이들은 변별학습에서 전기충격의 영향에 관한 실험을 쥐에게 실시한 결과에 근거하여 직무 스트레스의 건강 및 작업 결과는 종 모양의 곡선을 그리며 낮은 수준에서 점차 증가되다가 어느 특정 점 이후부터는 감소한다는 가설을 설정하였다. 이 가설에 따르면 낮은 수준의 스트레스 상황에서의 조직원들은 권태기와 동기 감소, 무관심, 잦은 결근 및 해이한 근무 자세를 갖기 때문에 생산성이나 업무성취가 저조하지만, 적정 수준의 스트레스 상황에서의 조직원들은 높은 동기를 갖고 열정적으로 업무를 추진하게 되어 가장 높은 수준의 생산성을 유지하게 되며, 스트레스가 지나치게 높을 경우에는 조직원들의 불면증, 신경과민, 우유부단, 잦은 실수 등에 빠지게 되어 오히려 생산성이 감소된다는 것이다. 이러한 가정은 Yerkes와 Dodson의 쥐를 통한 실험결과에 기초하고 있는데 [그림 8]과 같이 나타낼 수 있으며 '역 U형 가설'이라고도 부른다. 또한 조직의 건강은 직무 스트레스가 없는 조건을 전제로 하지 않으며 오히려 적정수준의 스트레스가 조직건강의 지표라고 할 수 있다(박한기, 1989). 스트레스는 사람과 환경과의 관계에서 이해되어야 한다. 환경적 요구가 개인의 반응 능력을 초과하거나 균형에 맞지 않으면 그 결과 스트레스를 일으킨다.

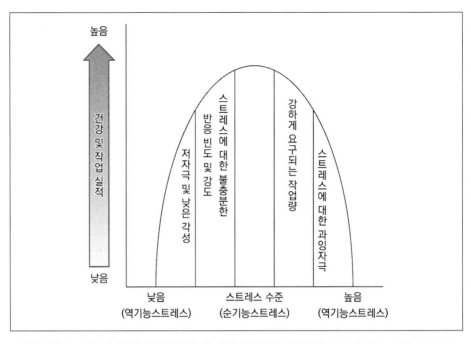

[그림 8] Yerkes-Dodson 곡선

이상에서 살펴본 바와 같이 스트레스는 개인이 그가 처해 있는 환경에서 작용하는 위험을 지각하여 나타내는 자연스러운 정서적·생리적 반응이라고 할 수 있다. 즉, 급격한 환경변화가 개인에게 지나치게 많은 요구를 부과할 때 생기는 긴장감과 불안 또는 억울함으로, 이것을 극복하는 과정에서 발생하는 불유쾌한 정신적인 압력과 적응과정을 위협하는 어떤 조건이나 상태라고 할 수 있다.

나. 스트레스에 대한 뇌과학적 고찰

스트레스는 통상어로 매우 광범위하게 쓰이는 용어이나 이에 대한 정의는 매우 모호한 측면이 있다. 일반적으로 스트레스란 신체에 가해지는 내부, 외부의 압력에 대한 각 개인의 생리적, 심리적, 행동학적 반응으로 정의한다. 한 개체가 '스트레스 인자(stressor)'로 지칭되는 위해한 환경에 노출되었을 때 일련의 스트레스 반응을 일으키는데, 뇌하수체-부신 축 활성화와 더불어 내분비계, 자율신경계, 면역계 등의 생리적 변화가 일어나며, 심리적 측면으로 각성수준, 기억, 정서 등의 항상성이 변화하게 된다. 또한 행동적 측면으로 대처(coping) 방식,

운동계 등에서 다양한 적응적 행동 변화가 일어난다. 이처럼 다양한 스트레스 반응이 일어나는 데 있어서 두뇌는 스트레스 인자를 분석하고 스트레스의 행동적, 생리학적 반응을 매개하는 주요 조절자 역할을 한다.

특히 스트레스 반응에 주로 관여하는 부위는 시상하부, 뇌하수체, 부신피질로서 이를 통칭해서 HPA 축(Hypothalamic－Pituitary－Adrenal Axis)이라 부른다. 뇌의 편도체에서 지각된 자극이나 위험신호는 시상하부의 뇌실방핵을 자극해 코르티코트로핀 방출 호르몬(Corticotropin－Releasing Hormone: CRH)을 분비하도록 한다. CRH는 뇌하수체 줄기에 있는 문맥을 통해 뇌하수체 전엽으로 전달되며 여기에서 부신피질 자극 호르몬(AdrenoCorticoTropic Hormone: ACTH)이 분비되도록 유도한다(장현갑, 2010). 이 ACTH는 부신피질로 전달되며, 자극을 받은 부신피질은 코르티솔(cortisol)을 합성해 혈류로 방출한다(Girdano et al., 2008). 코르티솔은 매우 중요한 스트레스 호르몬으로 뇌를 포함한 신체 전반에 작용해 스트레스 저항과 항상성 회복에 관여한다. 이 코르티솔은 인슐린 수용체의 활동을 방해하고 근육의 포도당 흡수를 저해하며 복부에 저장되는 지방을 높여 에너지 저장분을 보충한다. 그뿐 아니라 근육 단백질을 지방으로 전환하고, 뼈에 있는 미네랄 성분도 감소시킨다. 특히 칼슘을 빼앗아 골다공증을 유발하기도 한다. 무엇보다도 코르티솔은 면역계에 악영향을 미치는데 코르티솔 분비의 과다가 지속되면 면역기능이 억제되어 감염에 취약해진다(Fricchione et al., 2016). 혈중 코르티솔 양이 증가하거나 과도하게 생성되면 질병에 걸릴 가능성이 커진다(왕인순, 2009).

HPA 축의 활성화 반응을 제1회로라고 한다면 최근의 연구는 스트레스가 제2회로를 통해 면역계에 영향을 미친다는 사실을 밝혀주었다(변광호, 2005). 편도의 자극을 받은 시상하부가 뇌하수체를 활성화하면 뇌하수체는 콩팥 위에 있는 부신에 경고신호를 보낸다. 그에 따라 부신 수질은 에피네프린(아드레날린)이라는 카테콜아민을 다량으로 분비한다. 공격 또는 도피반응을 일으키는 것도 전달물질인 에피네프린인데 이 호르몬에 의해 근육과 폐에 유입되는 혈당과 산소가 증가하며 뇌의 각성 상태가 촉진된다. 이러한 에너지는 신체가 겪는 스트레스와 싸우는 데 사용된다. 한 마디로 우리 몸은 환경에 반응하는 뇌의 작용을 반영한다(Fricchione et al., 2016).

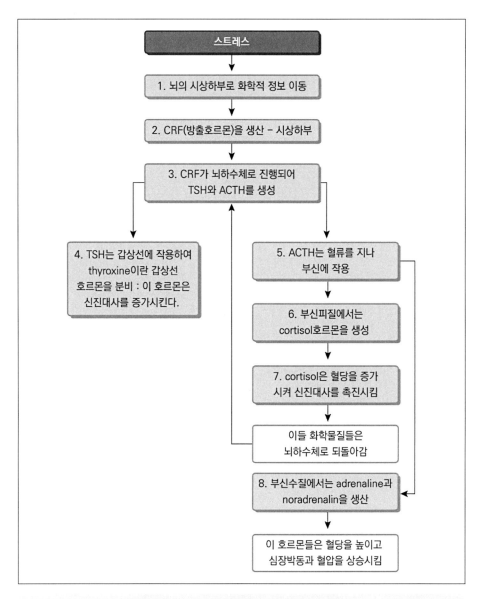

[그림 9] 스트레스에 대한 뇌과학적 고찰

한편, 적절한 운동자극을 하면 노르에피네프린(norepirephrin), 세로토닌(5 – Hydro xytryptamine, 5 – HT), 에피네프린(epinephrine), 도파민(dopamine)과 같은 신경 전달 물질(nourotransmitter)의 분비가 변화되는데, 이러한 물질들은 에너지 대사에 영향을 미칠 뿐 아니라 항상성 유지 및 기분상태 변화에도 영향을 준다.

특히 세로토닌은 감정조절이나 각성, 공격성 행동, 기억학습, 운동 조절작용, 생물학적 리듬, 스트레스 반응과 관련되고 우울증과 강박장애(obsessie－couplsive disorder), 약물중독, 불안, 수면에도 관련하는 것으로 밝혀졌다(김혜진, 2007). 세로토닌은 감정 조절에 필수적인 신경전달물질이기 때문에 세로토닌이 부족하면 스트레스가 증가한다. 세로토닌의 약 95%가 장에서 만들어진다는 사실이 밝혀진 바(Michal D. Gershon, 2013), 장운동을 통해 세로토닌의 분비를 촉진시킬 수 있으며 이와 같이 적절한 운동자극을 통해 각 호르몬의 분비를 조절함으로써 스트레스를 관리할 수 있게 된다.

이상의 스트레스에 대한 뇌과학적 고찰을 토대로 한 시사점은 다음과 같다.

첫째, 스트레스에 대한 인지가 필요하다. '자동적 사고'란 어떤 상황에 직면할 때 처음으로 떠오르는 생각들을 말하는데, 이는 내가 의식하기도 전에 떠오르는 생각들이며 이것은 스트레스 환경에 반응하는 습관화된 방식을 반영한다. 이러한 자동적 사고는 너무나 빠르게 나타나기 때문에 흔히 부정적이며 부정확할 수 있다. 이러한 부정확성 때문에 우리는 불필요한 고통을 겪을 수 있는데, 이것을 "인지적 오류"라고 한다(Antoni, Ironson & Schneiderman, 2007). 이러한 자동적 사고에 대한 신호를 잘 알아차린다면 스트레스를 조기에 인식하여 미연에 방지할 수 있는데 스트레스를 알아차리는 것이 스트레스 관리의 첫 단계라고 할 수 있다(Antoni et al., 2007).

둘째, 스트레스에 대한 다양한 대처 방법을 습득해야 한다. 스트레스 대처는 환경과 내적 욕구 사이의 갈등을 다루기 위한 행동 혹은 인지적 노력이라 할 수 있다(Lazarus & Folkman, 1984). 스트레스에 대처하는 방법으로는 운동, 식습관 관리, 친구로부터의 도움, 숙면, 사회적 지지, 명상, 이완 요법 등의 다양한 방법이 있다(McEwen & Lasley, 2002).

셋째, 생활 속 실천으로 이어져야 한다. 진정한 대처는 상황을 완벽히 통제하는 것이 아니라 적절하게 관리하는 것을 말하며, 효율적인 전략을 구사하여 잘 대처할수록 스트레스 정도는 줄어들 수 있다(윤병수, 2018). 스트레스 대처의 다양한 기법들을 활용하여 평소 생활 속에서 실천한다면 건강하고 행복한 삶을 이어갈 수 있을 것이다.

02 스트레스 모형

첫째, 자극요소의 스트레스이다. 이는 어떤 감각을 일으키는 주도적 세력들을 포함하며, 개인을 긴장에 빠지게 하는 힘 또는 자극을 스트레스로 보려는 것이다. 즉, 자극 자체를 스트레스로 보고 이 스트레스가 독립 변인이 되어 그것이 부적응 반응에 미치는 영향을 살펴보는 것으로 천재지변, 사랑하는 사람의 죽음 등을 포함할 수 있다(Holmes & Rahe, 1967). 이러한 관점은 개인의 심리적 중간 과정을 무시하고 상황특성(환경특성, 조직특성, 직무특성)으로만 스트레스를 규정하는 문제점이 있으며 뿐만 아니라 자극개념에 의하면 전혀 스트레스를 무시하는 단점이 있다.

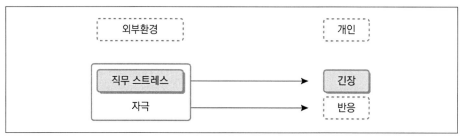

출처: vancevich, J. M. & Matteson, M. T.(1990). Stress and Company, 6.

[그림 10] Cox와 Mackay의 자극접근의 모형

둘째, 반응요소의 스트레스이다. 이는 스트레스에 대한 생리적·심리적·행동적 반응을 의미하는데 적어도 두 가지 반응 행동, 즉 좌절과 불안으로 빈번히 나타나고 있다. 좌절(frustration)은 행동과 목표 간의 어떤 장애에 의해서 일어나며, 불안은 어떤 상황에 적절히 대응할 수 있도록 준비가 되지 않은 상태의 감정을 말한다. Selye(1984)는 "어떤 것이든 이 요구에 대한 신체의 비특징적 반응"이라고 정의하였다. 그에 의하면 적응을 요구하는 모든 자극(stressor)에 대한 반응이 스트레스이다. 즉, 환경 요인에 의해 나타나는 개인의 생리적, 심리적 반응을 의미하는 견해로 보아야 한다. 직무 스트레스를 잠재적이고 중요한 직무 관련 결과에 관한 기회나 제약 혹은 요구의 결과로서 작업장 내에서의 정상적인 혹은 자기가 바라는 기능으로부터 일탈하고자 하는 개인의 감성이라고 정의함으로써 스트레스가 자신의 감정 상태에 대한 주관적인 인식이라는 것을 암시하고 있다. 이 관점은 환경적 자극의 종류에 따라 구체적으로 어떠한 생리적 반응이 나타나는지 명확하지 않으며, 생리적 반응은 스트레스를 유발하는 상황이 아닐지라도 나타날 수 있는 것이다. 또한 상이한 상황에서 동일한 반응이 나타나는 경우라든가, 그 반대의 경우를 무시한 한계점과 스트레스 요인을 알더라도 그 결과의 예측이 불가능하다는 문제점이 있다.

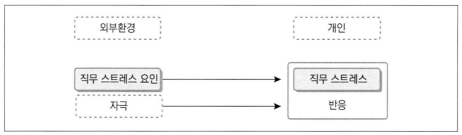

출처: Ivancevich, J. M. & Matteson, M. T.(1986). Stress and Work; A management perspective, 130, 7.

[그림 11] Seleye의 반응접근의 모형

셋째, 상호작용 요소의 스트레스이다. 이는 자극 스트레스 요인과 반응 스트레스 요인의 상호작용을 말하는데 즉, 개인과 환경 간의 부적합 반영이 스트레스가 됨을 의미한다. 이 개념은 스트레스를 환경과 개인의 복잡하고 역동적인 상호작용으로 보고 그 근원을 심리적 과정에 두고 있다(최해림, 1986).

이러한 관점에서 볼 때 직무 스트레스는 조직 특성과 개인 속성이 관여되고 있는 것으로서, 환경 – 개인(environment – person)의 측면에서 잠재적인 스트레스 원인(source of stress)과 개인의 상호작용인 것으로 파악되고 있다. 예를 들면 공항관제탑에 근무하는 비행 관제사는 환경적·조직적·개인적 감정과 반응의 지각이나, 스트레스 상황에 대한 반응에 있어 개인적 차이를 설명할 수 있어 스트레스 현상에 대한 포괄적인 설명이 가능하다. 그러나 이 접근 방법은 예측가능성에 문제가 있으며, 예측가능성이 앞의 두 가지 접근 방법보다 더 낮아질 가능성마저 있다. 그리고 이 접근 방법이 앞의 두 가지 접근 방법보다 더 포괄적인 것인 만큼 실제 연구에서 취급하는 데에는 어려움이 많은 것도 문제점으로 제기된다. 그렇지만 자극-반응 상호작용으로서의 스트레스 정의는 앞의 두 가지 방법에 비해 개인차의 역할을 중요시하고 있다는 점에서 진일보한 접근 방법이다.

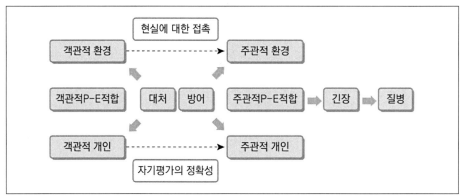

출처: Harrison, R. V.(1995). The Person-Environment Fit Model and the study of Job Stress, in Beehr, T. A. & Bhagat, R. S. Human Stress and Cognition in Organizations; An Integra ted Perspective, J, Wiley & Son, 25.

[그림 12] Harrison의 개인-환경 접근 스트레스

03 스트레스 대처와 관리

스트레스 대처는 스트레스를 조절하려는 반응으로서, 스트레스 요인에 대해 개인이 단지 수동적으로 반응하는 것이 아니라 위협이나 고통을 최소화하려고 행하는 노력이며(김정희, 1987), 넓게는 직접적으로나 잠재적으로 스트레스를 주는 사건이나 상황에 대해 개인이 행하는 모든 반응을 포함하는 것이다(Wortman & Silver, 1989).

선행연구에서 대처는 방어기제의 관점, 성격 특성의 관점, 상황 지향적 관점의 세 가지 관점에서 개념화되어 왔다(Folkman & Lazarus, 1980). 첫째, 방어기제로 보는 관점에서는 대처를 긴장 감소를 위한 자아 방어적 과정으로 파악한다. 둘째, 성격적 또는 기질적 특성으로 보는 관점에서는 긴장상황에서 개인의 행동 양식을 A형과 B형, 억압과 민감형, 접근과 회피형 등의 성격 특성으로 나누며,

특정 성격을 지닌 사람은 모든 상황에서 일관성 있는 행동을 취할 것으로 가정한다. 셋째, 상황 지향적 관점에서는 특정 위기에 직면한 사람들이 활용하는 대처의 작용에 초점을 둔다. 이러한 관점에서는 위기 상황에서 개인이 이를 다루기 위해 활용하는 전략들, 즉 관계의 재정립, 각종 정보 수집, 자존감의 유지, 합리적인 의사 결정, 긍정적인 해석 등으로 대처를 구분하려고 한다.

이와 같은 개념에 대한 대안으로 Lazarus와 Folkman(1984)은 상호 교류적 대처 모형을 제시하면서, 대처란 한 개인이 가지고 있는 자원을 초과하거나 힘들다고 평가된 내·외부의 요구들과 그 요구들 사이의 갈등을 다루어 가는 인지적, 행동적 노력이라고 정의하였다. 그들에 의하면, 대처는 지속적으로 나타나는 행동방식이 아니라 상황에 따라 융통성 있게 대응하는 것이며, 특정하게 고정된 것이 아니라 시간과 상황에 따라 다르게 대응하는 것이다. 스트레스 대처에는 개인과 환경 사이의 매개 역할을 하는 인지적 평가가 중요한 영향을 미친다. 대처의 유형 또한 특정하게 고정된 전략이 아니라 개인에 따라서 달라지고, 개인 내적으로도 시간이나 상황에 따라 다르게 표출될 수 있다(Lazarus & Folkman, 1986).

이상과 같이 스트레스 대처는 방어기제 또는 성격 및 상황 지향적 특성의 관점에서 연구되어 왔다. 특히 Lazarus와 Folkman(1984)의 상호 교류적 모형은 스트레스 대처에서 개인과 환경의 상호작용적 관계를 강조하고 있다. 즉 개인과 환경의 상호작용 과정에서 긴장이나 갈등이 발생하면 의도적으로 적응적 반응에 초점을 맞추려고 하며, 이처럼 문제 상황이나 스트레스에 대해 개인이 적응하려고 노력하는 과정을 대처로 파악하고 있다. 스트레스 대처는 환경으로부터 오는 스트레스를 해결하고 그 피해를 최소화하기 위해서 개인이 스트레스를 다루어 가려는 노력이라고 할 수 있다.

직무 스트레스 대처는 이러한 일반적인 스트레스 대처의 개념을 보다 조직적 측면에서 직무차원으로 한정한 것으로서, 개인이 조직의 구성원으로서 특정 직무를 수행하는 과정에서 경험하는 스트레스를 완화시키려는 노력과 관련된다. 즉 직무 스트레스 대처는 특정 직무 스트레스에 대한 적응 반응으로서, 개인이 직무를 수행하는 상황에서 발생하는 스트레스 요인을 제거, 개선, 변화시키거나 또는 직무 스트레스 상황에 의해서 생성된 개인 반응을 긍정적인 방향으로 수정하려는 것이라고 할 수 있다(Beehr, 2014).

한편, 대처의 기능을 이해하기 위해 학자들은 대처를 여러 개의 유형으로 구분하고자 노력해 왔다. 대처는 인간의 적응 노력 과정을 가장 잘 반영하는 개념으로, 대처 유형을 규명하는 일은 개인의 적응 기제에 대한 보다 구체적인 이해를 가능하게 해주며, 나아가 임상장면에서 적응을 촉진하기 위한 효율적인 개입에도 도움을 줄 수 있기 때문이다(신혜진·김창대, 2002). 같은 스트레스 유발 요인이라도 개인마다 느끼는 스트레스 정도나 그로 인한 결과는 다르게 나타나는데, 이는 스트레스 상황에서 개인이 어떻게 대처하느냐에 달려있다(Chan, 2003). 대처를 의미 있는 유형으로 범주화하는 과정에서 학자들은 서로 상이한 견해를 제시하고 있다. 이는 문제의 유형이나 상황적인 맥락에 따라 동일한 대처가 상이한 의미를 지니거나 다른 결과를 가져올 수 있고, 동일한 문제에 대해서 여러 유형의 대처가 동시에 사용될 수도 있기 때문이다(김교헌·권겸구, 1993).

한편, 스트레스 대처 유형에 대한 국외의 연구를 살펴보면 첫째, 가장 대표적인 대처 유형으로 Lazarus와 Folkman(1984)의 문제중심적 대처와 정서중심적 대처를 들 수 있다. 문제중심적 대처는 문제를 해결하거나 환경과의 갈등적 관계를 변화시키기 위해 적극적으로 노력하는 것이다. 정서중심적 대처는 스트레스에 따르는 부정적인 정서를 다루거나 완화시키는 데 초점을 두는 것으로, 스트레스 상황에 대한 인지적 재구성, 회피, 긍정적 측면에 대한 선별적 주의 등과 같은 방법을 사용하는 것이다. Lazarus와 Folkman(1984)은 대부분의 스트레스 상황들이 두 유형의 대처를 모두 촉발시키지만, 긍정적인 일이 일어날 것이라고 예측될 때에는 주로 문제중심적 대처가 사용되고, 스트레스 상황을 견뎌야 한다고 판단될 때에는 정서중심적 대처가 나타난다고 보았다. 문제중심적 대처와 정서중심적 대처 중에서 어느 것이 효과적인가에 대한 연구도 이루어졌는데, 두 유형을 완전히 독립적인 것으로 보기보다는 서로 관계있는 것으로 보는 것이 적절하다는 주장이 제기되었다(Lazarus, 2006).

둘째, 대처 유형을 분류하는 또 다른 대표적인 방식은 접근과 회피로 구분하는 것이다. 접근적 대처는 스트레스와 관련된 문제들을 피하지 않고 직접 해결하려고 노력하는 것이고, 회피적 대처는 스트레스 상황을 부인하거나 심리적인 거리를 두는 것이다(Parker & Endler, 1992). Roth와 Cohen(1986)은 접근과 회피가 스트레스 대처의 기본적인 유형이라고 주장하면서, 접근과 회피는 스트레스 상황에 직면하여 그것을 향할 것인지, 아니면 그것으로부터 물러날 것인지를 결

정하는 정서적인 측면과 관련된다고 보았다. Abella와 Heslin(1989) 또한 접근−
회피의 분류가 문제중심−정서중심의 분류보다 논리적이라고 주장하였다. 하지
만 문제중심−정서중심 대처와 접근−회피 대처는 매우 유사한 특징을 지니고
있으며, 효율적인 대처 유형으로 인정받고 있다(Larn & Hong, 1992).

셋째, Amirkhan(1990)은 대처를 보다 종합적으로 파악하려는 시도를 하였다.
그는 문제해결중심 대처, 회피중심 대처, 사회적 지지 추구로 대처를 구분하였
는데, 문제해결중심 대처는 스트레스 상황에서 문제에 초점을 맞춰 직접 해결하
려고 노력하는 것이고, 회피중심 대처는 심리적인 거리를 두고 스트레스 상황을
외면하는 것이며, 사회적 지지 추구는 타인으로부터 정서적 지지를 얻거나 조언
및 도움을 구하는 것이다.

넷째, 대처 유형을 분류함에 있어 유형−성향 접근과 상황 접근으로 구분할
수 있다는 주장도 제기되었다. Moos와 Holahan(2003)에 따르면, 유형−성향 접
근은 안정되고 지속적인 인지 특성, 태도, 습관 등의 개인적 특성이 스트레스에
대처하는 것이며, 상황 접근은 변화하는 상황에 대한 개인의 인지적 평가와 대
처 전략에 초점을 맞춘다.

이 밖에도 연구자들은 대처 유형을 다양하게 분류하고 있다. Billings와
Moos(1984)는 스트레스 상황의 의미를 규정하거나 재구성하는 평가초점적 대
처, 스트레스 요인을 조정하거나 소거하는 문제초점적 대처, 스트레스 요인으로
인한 정서를 조절하거나 평정상태를 유지하려는 정서초점적 대처로 분류하였다.
Latack(1986)은 스트레스 상황을 변화시키거나 관리하려는 문제중심적 대응, 정
서적 고통을 감소시키려는 감정중심적 대응, 스트레스 상황에 대한 개인의 인지
에 초점을 맞추는 인지 재평가, 휴식이나 운동과 같은 방법으로 감정과 신체에
초점을 둔 증상관리, 스트레스 상황을 잊으려고 노력하는 회피로 분류하였고,
Miller(1987)는 스트레스 상황에서 개인이 기울이는 주의를 기준으로 하여, 스트
레스 상황에 주의를 기울이거나 정보를 찾는 감찰(monitoring)과 스트레스 상황
으로부터 주의를 분산시키거나 회피하는 무시(blunting)로 분류하였다.

다음으로 스트레스 대처 유형에 대한 국내의 연구를 살펴보면, 첫째, 김정희
(1987)는 Lazarus와 Folkman(1984)의 대처 척도를 기반으로 하여 4개의 하위 요
인을 제시하였는데, 대처하는 노력이 외부로 투여되는 적극적 대처와 자신의 감
정이나 사고 등 내부로 투여되는 소극적 대처로 구분하고, 적극적 대처에는 문

제중심적 대처와 사회적 지지 추구, 소극적 대처에는 정서 완화적 대처와 소망적 사고가 포함된다고 보았다.

둘째, 다차원적 대처 척도를 개발한 전겸구 등(1994)은 15개의 대처 유형, 즉 정서적 지원 추구, 문제해결적 지원 추구, 종교적 추구, 정서 표출, 동화(양보), 적극적 망각, 정서적 진정, 자기비판, 고집, 긍정적 비교, 긍정적 해석, 적극적 대처, 체념, 자제, 소극적 철수를 추출하였다. 이 중에서 자신의 바람직한 상태를 포기하면서 타인과의 조화를 이루려고 노력하는 체념적 대처와 스트레스 상황에서 상대방에게 맞추려고 노력하는 동화(양보)적 대처는 우리 사회의 문화적 특성과 관련된 유형이라고 할 수 있다.

셋째, 대학생의 시험 스트레스 과정에서의 대처를 연구한 임용우(1994)는 대처 유형을 도전적 대처, 회피적 대처, 정서 완화적 대처로 나누었다. 도전적 대처에는 스트레스 요인을 제거하기 위해 노력하는 적극적 대처, 계획을 세우고 전략을 실행하는 전략적 대처, 스트레스를 긍정적 입장에서 수용하면서 성장의 기회로 삼는 긍정적 해석이 해당된다. 회피적 대처에는 스트레스 대처 곤란의 원인을 자신에게 돌리는 자기비난, 스트레스를 줄이려는 노력 대신에 다른 활동에 몰두하는 일탈행동, 타인으로부터의 충고나 조력 및 이해와 같은 지원을 구하는 사회적 지지 추구가 포함된다. 정서 완화적 대처에는 자기 스스로를 위로하는 자기격려, 긴장을 줄일 수 있는 구체적 행동을 하는 긴장완화, 결과에 대한 공상이나 상상 속에서 만족을 추구하는 소망적 사고가 해당된다(임용우, 1994). 이정복(2006)은 임용우(1994) 척도의 문항들을 교직의 특성에 맞게 수정함으로써 초등학교 교사들의 직무 스트레스 대처방식을 측정하는 데 사용하였다.

넷째, 박미옥(2013)과 심운경·천성문(2016)은 스트레스 대처 유형이 아닌, 직무 스트레스 대처를 측정하는 척도를 개발하여 대처 유형을 제시하였다. 유아교사의 직무 스트레스 대처를 연구한 박미옥(2013)은 스트레스 요인을 제거하거나 해결하기 위해 노력하는 문제해결중심 대처, 다른 사람의 지지나 조언을 구하거나 감정적인 지지를 자신에게 보내는 지지추구중심 대처, 스트레스 요인을 제거하지 않고 회피하는 회피중심대처로 구분하였다. 간호사의 직무 스트레스 대처 유형을 연구한 심운경·천성문(2016)은 스트레스 상황에서 문제를 해결하려고 노력하는 문제중심적 대처, 스트레스를 해소하는 대안적 행동에 관여하고 새로운 만족을 찾으려고 하는 긴장완화, 스트레스를 해결하기 위해 누군가의 도움을 요청하는 사회적 지지 추구, 스트레스와 관련된 정서를 표현하는 감정 표출, 스트레스를 유발하는 문제를 변화시키고자 적극적으로 노력하는 주장적 대처로 구분하였다. 이와 같이 다양하게 분류되는 스트레스 대처 유형을 연구자별로 정리하면 <표 19>와 같다.

◉ 〈표 19〉 스트레스 대처 유형 분류

구분	대처 유형	구성 내용
Feitler, Tokar (1981)	물리적 대처 정신적 대처 파괴적 대처 직접적 대처 심리적 대처	• 운동 등 신체적 활동 • 독서, 영화감상 등 정신적 집중 활동 • 비난, 음식 섭취, 음주 • 대안의 모색, 조언자의 충고 등 문제해결 노력 • 가볍게 생각하기, 기도
Lazarus & Folkman (1984)	문제중심적 대처 정서중심적 대처	• 문제해결을 위한 정보 수집 및 계획 실행 • 인지적 재구성, 회피, 긍정적 해석
Billings, Moos (1984)	평가초점적 대처 문제초점적 대처 정서초점적 대처	• 문제해결을 위한 논리적인 분석 • 정보 탐색, 문제해결 • 정서조절 및 표출
Roth, Cohen (1986)	접근적 대처 회피적 대처	• 상황이나 정서를 직접적으로 다루려는 시도 • 스트레스 요인을 무시하거나 회피하려는 시도
Latack(1986)	문제중심적 대처 감정중심적 대처 인지 재평가 증상 관리 회피	• 상황 변화 및 관리 • 정서적 고통 감소 • 다른 관점에서 문제 인식 • 휴식, 운동과 같은 취미생활 • 스트레스 상황 망각
Miller(1987)	감찰 무시	• 스트레스 상황에 주의, 정보 탐색 • 주의를 분산, 위협적 상황 회피
Amirkhan (1990)	문제해결중심 대처 사회적 지지 추구 대처 회피중심 대처	• 직접적으로 문제를 해결하려는 노력 • 타인으로부터의 정서적 지지나 조언, 도움 추구 • 심리적 거리를 두고 문제 외면
김정희(1987)	적극적 대처 소극적 대처	• 문제중심적 대처, 사회적 지지 추구 • 정서완화적 대처, 소망적 사고
임용우(1994) 이정복(2006)	도전적 대처 회피적 대처 정서완화적 대처	• 적극적 대처, 전략적 대처, 긍정적 해석 • 자기비난, 일탈행동, 사회적 지지 추구 • 자기격려, 긴장완화, 소망적 사고

구분	대처 유형	구성 내용
전겸구 등 (1994)	정서적 지원 추구 문제해결적 지원 추구 종교적 추구 정서 표출 동화(양보) 적극적 망각 정서적 진정 자기비판 고집 긍정적 비교 긍정적 해석 적극적 대처 체념 자제 소극적 철수	• 타인의 정서적 지지나 위로를 추구 • 타인의 조언이나 도움을 통해 문제해결을 추구 • 신앙을 통해 대처 • 자신의 정서를 상대에게 그대로 표현 • 상대에게 맞춤 • 의도적으로 잊으려고 함 • 정서적 혼란을 진정시킴 • 자신의 잘못을 비판 • 문제해결과 상관없이 자신이 하던 일을 지속 • 자기보다 못한 타인과 비교 • 문제 상황을 긍정적으로 인식 • 적극적인 문제해결을 위해 노력 • 바람직한 상태를 포기하고 타인과 조화를 추구 • 문제해결을 위한 적절한 시점을 기다림 • 문제 상황으로부터 멀어짐
박미옥(2013)	문제해결중심 대처 지지추구중심 대처 회피중심 대처	• 스트레스 요인을 제거하거나 해결하기 위한 노력 • 자신 및 타인의 지지나 조언을 추구 • 스트레스 요인을 제거하려고 하지 않고 회피
심운경·천성문 (2016)	문제해결중심적 대처 긴장완화 사회적 지지 추구 감정 표출 주장적 대처	• 문제를 해결하고자 노력 • 대안적 행동 및 새로운 만족 추구 • 해결을 위해 타인의 도움을 요청 • 스트레스와 관련된 정서 표현 • 변화시키고자 적극적으로 주장

<표 19>에서도 알 수 있듯이 스트레스 대처는 대부분 문제중심적, 정서중심적, 접근적, 회피적, 적극적, 소극적 대처 등으로 구성되어 있다.

먼저, 스트레스 요인을 제거하거나 줄이려는 적극적인 조치로서 분석, 계획, 정보수집, 대책 마련 등의 대응은 문제중심적, 접근적, 적극적 대처에 포함되어 있는 경우가 많다. 이에 비해 스트레스 요인으로 인한 감정을 조절하려는 조치로서 긴장완화, 정서조절 및 표출, 긍정적 해석, 자기 격려 등은 정서중심적, 정서완화적, 심리적, 소극적 대처에 주로 포함되어 있다. 반면, 타인의 정서적 지지나 도움, 조언을 추구하는 사회적 지지 추구의 경우에는 적극적, 도전적 대처와 정서 중심적 대처에 동시에 포함되어 있으며, 정서적인 지원 추구와 문제해결을 위한 지원 추구 두 가지로 구분할 수 있다. 이상에서 제시된 스트레스 대

처 유형을 살펴보면, 스트레스 요인을 직접적으로 다루는 문제중심적 대처와 스트레스 요인으로 인한 정서적 긴장을 다루는 정서완화적 대처, 그리고 타인으로부터 정서적 지지나 조언 및 도움을 추구하는 지원추구적 대처로 분류됨을 알 수 있다.

문제중심적 대처는 스트레스 상황에 직면했을 때, 문제의 원인을 파악하고 대책을 세우는 등의 노력을 통해 원인을 제거하려는 것이다(Lazarus & Folkman, 1984). 즉 스트레스 요인을 제거하거나 줄이기 위해 문제를 탐색하고 정보를 수집하며 대책을 마련하여 실행하는 등 적극적, 전략적으로 노력하는 것이다. 문제중심적 대처는 스트레스를 야기하는 개인과 환경의 관계를 바꾸려는 방법으로, 인지적 문제해결과 정보 수집, 시간 관리, 목표 설정과 같은 적극적 방법을 통해 자신이 직면하는 스트레스 요인이나 문제 자체를 변화시키거나 관리하려는 적극적인 노력과 행동에 중점을 둔다(Carolyn, 2015).

기존의 스트레스 대처 유형 중에서는 Lazarus와 Folkman(1984)의 문제중심적 대처 및 Billings와 Moos(1984)의 문제초점적 대처, Latack(1986)의 문제중심적 대응, Amirkhan(1990)의 문제해결중심 대처, 김정희와 이장호(1985)의 문제집중적 대처, 그리고 이정복(2006)의 도전적 대처에 상응하며, '무엇을 해야 할지 알기 때문에 더 열심히 노력한다.', '문제해결을 위해 몇 가지 대책을 세운다.', '활동 계획을 세우고 그것에 따른다.' 등과 같은 내용을 포함하고 있다(김정희·이장호, 1985).

문제중심적 대처는 특히 직무 스트레스를 다룰 때 주로 사용되는 대처로 알려져 있으며(Lazarus & Folkman, 1986), 개인이 사건을 통제할 수 있다고 생각하는 영역에서 주로 활용된다. 따라서 교사가 교수-학습지도 및 각종 행정 업무를 수행할 때 발생하는 직무 스트레스와 관련해서 문제중심적 대처를 활용할 것으로 예측된다.

또한, 정서완화적 대처는 스트레스 요인으로 인한 감정을 조절하려는 것으로, 인지적 재구성이나 긍정적 해석 등과 같은 방법을 활용하여 스트레스로 인한 부정적인 정서를 다루는 것이다(Lazarus & Folkman, 1984). 정서완화적 대처에는 자기 자신을 독려하거나 위로하는 자기격려, 긴장을 줄일 수 있는 구체적인 행동을 하는 긴장완화(임용우, 1994), 정서조절 및 표출 행동, 현재보다 더 나은 상황을 바라는 소망적 사고, 스트레스 요인으로부터 거리를 두고 잠시 물러나 있는 회피(김정희, 1987) 등이 포함된다. 기존의 스트레스 대처 유형 중에서는 Lazarus와 Folkman(1984)의 정서중심적 대처 및 Billings와 Moos(1984)의 정서 초점적 대처, Latack(1986)의 감정중심적 대응, 김정희(1987)와 이정복(2006)의 정서완화적 대처에 상응하며, '교직에 대해 밝은 면을 보려고 한다.', '어떤 방법 으로든 기분을 풀어 버린다.' 등과 같은 내용을 포함하고 있다(이정복, 2006).

지원추구적 대처는 스트레스 상황에서 타인에게 정서적 위로 및 지지를 구하거나 조언, 또는 도움을 요청하는 것이다(박미옥, 2013). 즉 직무 스트레스에 대처하기 위해 직장 동료 및 가족, 친구 등에게 자신의 스트레스 상황을 털어놓고 정서적인 위로와 지지를 받거나, 문제해결과 관련된 정보 제공 및 조언 등의 도움을 받고자 노력하는 것이다. 또한, O'Biren과 DeLongis(1997)에 의하면, 문제 해결을 위한 도구적인 도움, 조언, 정서적 지지든 간에 지원추구는 스트레스를 유발하는 문제에 대처하는 데 도움이 된다. 기존의 스트레스 대처 유형 중에서는 Lazarus와 Folkman(1984)의 사회적 지지의 추구 및 Feitler와 Tokar(1981)의 직접적 대처, Amirkhan(1990)의 사회적 지지 추구 대처, 김정희(1987)의 사회적 지지 추구에 상응하며, '다른 사람의 동정과 이해를 받아들인다.', '자신이 느끼고 있는 바를 누군가에게 말한다.', '문제를 구체화해줄 수 있는 사람과 이야기를 한다.', '존경하는 친척이나 친구에게 조언을 구한다.', '전문적인 도움을 요청한다.' 등과 같은 내용을 포함하고 있다(김정희, 1985). 또한 전겸구 등(1994)에 따르면 지원추구적 대처에는 정서적 지원추구와 문제해결적 지원추구가 있다. 정서적 지원추구는 스트레스 상황에서 자신을 이해하고 감싸주며 마음을 편안하게 위로할 사람을 찾는 것이며, 문제해결적 지원 추구는 문제해결과 관련하여 실질적인 도움을 줄 수 있는 사람을 찾거나 주위 사람들에게 적극적인 도움을 요청하는 것이다.

또한, Ursin(1980)은 적극적인 대처(active coping)와 소극적인 대처(passive coping)로 분류하였다. 대처의 노력이 외부로 투여되는 것으로 좌절이나 장애요소를 극복하고 적극적으로 문제를 해결하는 행동을 적극적 대처방식이라 하며, 대처의 노력이 자신의 감정이나 사고 등 내부로 투여되는 것으로 문제에 회피하거나 방어하는 것을 소극적 대처방식이라 한다(임영희, 2007). 또한, 김형주(2002)는 Lazarus와 Forkman(1985)의 도구를 수정 보완하여 대처방식을 적극적 대처와 소극적 대처, 부정적 대처로 나누었다. 적극적 대처방식은 문제에 대한 사고

방식을 변화시키려는 인지적 시도와 행동으로서 보다 구체적이고 실제적으로 스트레스를 다루려는 방법으로 적절한 휴식, 운동, 취미활동, 여행 및 환경을 바꾸어 스트레스에 대처하는 것뿐만 아니라 친구, 가족, 동료 교사 또는 전문가의 조언을 구하거나 도움을 받는 등의 적극적인 행동을 하는 방법이다. 소극적 대처방식은 위협을 부인하거나 최소화하려는 인지적 시도와 상황에 직면하는 것을 회피하거나 정서를 표현하는 방법으로 원래의 문제 상황을 놓아두고 그로 인해 유발되는 불안, 분노 같은 감정들만 일시적으로 약화시키거나 없애려고 노력하는 방법이다. 부정적 대처방식은 상황을 환상적으로 받아들이거나 피하려고 죄책감을 느끼는 등 감정적으로 반응하는 것으로 다른 사람을 찾음으로써 스트레스 상황을 피하려고 하거나 문제를 대신할 수 있는 것에 관심을 두는 것, 화를 내거나 체벌을 가하는 등의 감정을 부적절한 행동으로 나타내는 것을 말한다.

지금까지 살펴본 바와 같이, 스트레스 대처방식을 문제 중심적 대처, 정서 완화적 대처, 소망적 사고 추구, 사회적 지지 추구 등 <표 20>과 같이 구분할 수 있다(박현진, 2003).

📀 〈표 20〉 스트레스 대처방식의 유형별 예시

구분	내용
문제 중심 대처	• 문제의 원인을 파악하고 대책을 세운다. • 문제의 당사자와 대화와 타협을 통해 해결한다. • 내 입장을 지키면서 바라는 바를 위해 싸운다(항의). • 문제를 해결하기 위해 더 열심히 노력하고 자기 계발을 한다.
사회적 지지 추구	• 다른 사람에게 조언을 구하거나 정보를 제공받아 문제를 해결하려고 한다(지적, 정보적 지지). • 다른 사람에게 일의 분담을 부탁해 문제를 해결하려고 한다(물리적 지지). • 다른 사람에게 자신이 처한 상황의 동조와 이해를 구한다(정서적 지지).
정서 완화적 대처	• 어차피 감당할 업무라면 마음을 편안히 가지고 결과에 신경 쓰지 않는다. • 기분 전환이 될 만한 말을 자신에게 한다(자기 격려). • 문제의 대상에게 화를 낸다. • 술을 마신다. • 취미, 여가활동(산책, 영화, 쇼핑 등)을 통해 불편한 감정을 푼다. • 상황이 지금보다 더 나쁠 수도 있음을 상기한다.

구분	내용
소망적 사고 추구	• 그 일이 얼른 끝나고 지나가길 바란다. • 업무와 관련된 생각을 하지 않으려고 한다. • 나의 능력 부족을 탓한다. • 그 일이 잘되게 해달라고 기도한다. • 그 일을 무시해 버리고 그 다음 차선책을 받아들인다.

CHAPTER 04

정서와 행복

01 긍정 정서

인간의 정서는 기쁨, 만족, 사랑과 같은 긍정적 정서와 불안, 슬픔, 분노, 절망과 같은 부정적 정서로 구분된다. 행복은 즐거움 또는 긍정적 정서를 느끼고 불쾌감이나 부정적 정서를 느끼지 않는 경험이므로, 긍정심리학의 목표인 행복플로리시한 삶을 만들기 위해서는 긍정적 정서를 증진시키는 것은 매우 중요하다.

특히 긍정적 정서와 부정적 정서는 독립적으로 작용하고 있어 부정적 정서를 낮춘다고 해서 긍정적 정서가 증가하는 것은 아니지만(우문식, 2012), 부정적 정서와는 반대로 긍정적인 정서는 부정적 정서를 상쇄시키거나 긍정적 정서로 빠르게 회복시킬 수 있다(Tugade & Fredrickson, 2004). 즉, 부정적 정서는 승자와 패자를 가려야 하는 제로섬 게임이지만 긍정적 정서는 최종적으로 결과가 0보다 큰 긍정적 효과를 제공한다는 윈−윈 게임에 속하게 된다.

한편, 행복한 사람은 대부분의 시간에 긍정적인 감정을 더 많이 경험하고 가끔 부정적인 감정을 경험한다(Diener & Seligman, 2002). 그러나 부정적 정서는 생존에 위협을 받는 경우에 적응적으로 진화된 정서로서 부정적 정서가 삶에 있어 무조건적으로 부정적 영향을 미치는 것은 아니며, 긍정적 정서를 많이 느낀다고 해서 행복플로리시한 삶을 누릴 수 있는 것은 아니다.

성공적인 사회적 적응을 보이는 사람과 그렇지 못한 사람들의 정서 경험을 조사하였는데, 성공적인 사회적 적응을 보이는 사람의 긍정적 정서와 부정적 정서의 비율은 2.9대 1로 나타났다(Fredrickson & Losada, 2005). 즉, 긍정적 정서를 부정적 정서보다 3배 이상 느끼는 사람이 높은 사회적 적응력을 가지는 것으로 나타났고, 이러한 2.9대 1의 긍정성 비율을 '로사다 비율(Losada Ration)'이라고 하였다. 오히려, 긍정적 정서와 부정적 정서가 11대 1을 넘어서면 오히려 적응 수준이 떨어지는 것으로 나타났는데, 이는 긍정적 정서의 과도한 추구는 지속적인 행복에 바람직하지 않다(권석만, 2013).

한편, Fredrickson(1998, 2000, 2001, 2004)에 의하면 긍정 정서 경험은 이후에 다른 상황에서 사용할 수 있는 개인적 자원을 확장하고 구축하는 기능을 하는 긍정 정서의 확장 및 구축 이론(broaden-and-build theory)을 밝히고 있다. 즉, 긍정 정서를 경험하게 되면 우리의 일시적인 사고기능과 행동양식이 확장되며, 그 결과로서 얻어진 학습 경험을 통해서 미래의 상황에 효과적으로 대처할 수 있는 인지적·정서적 자원을 구축하게 된다. 따라서, 긍정 정서 경험은 이후에 다른 상황에서 사용될 수 있는 개인적 자원을 구축하고 증대시키는 효과를 지니는 것이다([그림 13] 참조).

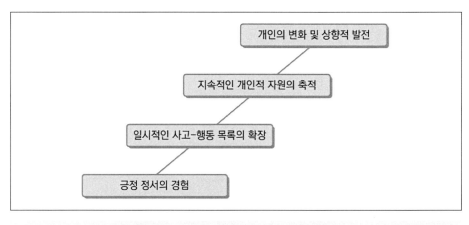

[그림 13] 긍정 정서의 확장 및 구축 이론

긍정 정서의 확장-구축 이론은 다음과 같은 기능을 갖고 있다(Fredrickson, 2002).

첫째, 긍정 정서는 사고-행동 레퍼토리를 확장시킨다. 정서유발 상황에서 부정 정서는 사고－행동 레퍼토리를 축소시키는 경향이 있다. 반면에 긍정 정서는 사고를 폭넓은 행동의 가능성으로 이끌어준다. 만족하고 행복할 때, 당황할 때와는 달리 상황에 대처하는 보다 다양한 대안과 사고방식을 떠올릴 수 있다.

둘째, 긍정 정서는 부정적 정서를 상쇄시킨다. 즉, 긍정 정서는 부정 정서의 생리적 효과를 원상태로 회복시키는 기능을 한다는 것, 즉 긍정 정서는 부정 정서나 스트레스의 신체적·심리적 후유증으로부터 안정된 평정상태로 회복을 돕는다는 것이다(권석만, 2008).

셋째, 긍정 정서는 탄력성을 고양시킨다. 즉, 긍정 정서는 스트레스 경험으로 야기된 부정적인 정서를 상쇄시키는 효과를 통하여 탄력성과 대처능력을 향상시킨다.

넷째, 긍정 정서는 지속적인 자원을 구축하고 웰빙을 향상시킨다. 따라서, 긍정 정서가 웰빙의 상향적 선순환을 낳을 수 있다.

지금까지 살펴본 바와 같이, 긍정 정서 확장－구축 이론은 긍정 정서는 신체적·심리적·사회적 대처자원을 고양시켜 준다. 긍정적인 정서를 만들기 위한 구체적인 방법은 다음과 같다.

가. 감사하기

감사(gratitude)는 자신에게 베풀어진 다른 사람의 수고와 배려를 인식하고 고마움을 느끼는 능력을 의미한다. 감사를 표현하는 긍정적 결과가 타인에 의한 것이라는 귀인, 감사의 경험, 보답하려는 욕구 간의 연결이 7~10세에 확고해 진다(권석만, 2008).

나. 알아차리기

알아차리기는 자신의 경험과 감정을 재확인하면서 현실에서 오는 갈등을 해소하여, 다양한 정서를 인식할 수 있다. 이를 통해 긍정적인 문제해결 방법을 모델링함으로써 적절한 경험과 긍정적인 상호작용을 이끌어내어 자아개념을 향상시킬 수 있다(유정실, 2004; 김지원·박지연, 2012).

다. 표현하기

표현하기는 자신의 느낌과 감정을 탐색하는 활동이다. 자기표현은 대인적 문제해결과 타인에 대한 감정 수용 등을 경험할 수 있는 기회가 되어 정서의 표현을 활성화시킬 수 있음을 의미한다.

라. 몰입하기

몰입하기는 자신이 정말로 하고 싶은 활동을 찾아 몰입하는 경험을 하고 나아가 일상에서의 삶과 연결되는 행복한 정서를 체험할 수 있는 활동이다. 즉, 몰입을 통하여 진정한 행복감을 경험할 수 있다(Zeece, 2006)

마. 강점 찾기

강점 찾기는 자신의 강점을 찾을 수 있도록 자신을 긍정적으로 받아들이는 수용, 변화, 성장하도록 하는 활동이다. 자신의 강점을 인식하고 타인의 강점을 탐색함으로써 인간 관계에도 영향을 미칠 수 있다.

바. 도전하기

도전하기는 새로운 이해, 인식이 이루어지는 자기통찰의 단계로 자신을 좀 더 자유롭게 드러내면서 인간의 정서적 갈등이나 부정적인 정서를 표출하는 활동이다.

사. 마음알기

마음알기는 다른 사람의 긍·부정적 정서를 지각하고, 감정 상태를 이해해 가는 것을 표현하는 활동이다. 즉, 다른 사람의 입장을 생각하고 마음을 알아간다는 것은 인간 관계 형성에 무엇보다 중요한 반응이다.

아. 나누기

나누기 활동은 매 회기마다 집단 안에서 서로 상호작용하며 서로의 생각과 느낌이 수용되며, 어떻게 해서 그런 생각과 감정을 가지는지 나누는 과정에서 자기이해를 높이고 타인의 이해를 돕는 활동이다.

자. 목표세우기

목표세우기는 긍정 정서의 원리에 근거한 일상생활에서의 행복 실천을 강조하는 활동이다. 예를 들면, 행복 일기를 과제로 내주고, 매 회기 시작 시에 확인하도록 하여 긍정 정서를 스스로 개발해 나가도록 유도할 수 있다(김광수·고영미, 2010).

차. 용서하기

용서(forgiveness)는 공격이나 상처를 받은 피해자가 가해자에게 나타내는 긍정적인 심리적 변화를 의미한다. 상대방에 대한 분노감정과 보복 욕구를 개인이 자발적으로 내려놓는 심리적인 노력을 의미하는 것이다. 따라서, 용서를 바탕으로 자신과 타인을 이해하고 돌보며 다른 사람을 배려하는 능력을 향상시키기 위한 체계적인 접근이 필요하다.

카. 긍정 대화하기

긍정 대화하기는 타인과의 대화에서 상황이나 대상에 대한 불만을 전달할 때 자신의 부정적인 감정을 긍정적인 형태로 타인에게 전달함으로써 긍정적인 결과를 낳도록 하는 방법이다. 불만 사항이 있을 때 상대를 지적하는 부정적인 말하기가 아니라 상대의 긍정적인 행동을 요청하는 말하기로 대화를 주고받는 것이다.

타. 낙관적으로 생각하기

낙관적으로 생각하기는 미래에 자신이 '최고의 자기 상태(best possible self: BPS)'로 살아가는 모습을 떠올려 보는 것이다. 최고의 자신의 모습을 떠올리는 것은 단순히 백일몽이나 환상이 아니어야 하며 현실적이고 달성 가능한 것이어야 한다. 이 기법은 막연했던 미래 모습에 체계적 구조를 제공하고, 마음 속에 미래 모습에 관한 긍정적 심상을 품게 함으로써 반복되는 일상에 의미와 목표를 제공한다. 특히 마음에 떠오르는 것을 글을 통해 표현하는 것은 생각에 틀을 부여하고 사고를 조직할 수 있도록 도울 수 있다.

02 행복의 개념

행복의 사전적 의미는 '복된 좋은 운수', '생활에서 충분한 만족과 기쁨을 느끼어 흐뭇하거나 그러한 사태'(국립국어원, 2014)로 정의되며 기쁨, 만족, 웰빙을 누리면서 자신의 삶이 좋고 의미 있으며 가치 있다고 생각하는 상태를 뜻한다 (Lyubomirsky, 2008). 또한, 행복(幸福, happiness)의 사전적 의미는 욕구와 욕망이 충족되어 만족하거나 즐거움을 느끼는 상태, 불안감을 느끼지 않고 안심하거나 또는 희망을 그리는 상태에서의 좋은 감정으로 심리적인 상태 및 이성적 경지를 의미한다(한국어 위키백과, 2015). 인간들이 행복을 고민하고 갈구한 과정은 오랜 역사를 함께 해오고 있는데, 이는 각국의 언어의 행복을 나타내는 어원에서도 쉽게 알 수 있다. 영어의 행복인 Happiness는 happ(우연히 발생하다)라는 어원을 가지고 있고 프랑스어의 행복인 Bonheur는 bon(좋다)와 heur(운)에서 유래되었다. 또한 한자의 행복인 幸福은 나에게 복으로 주어지는 것으로 풀이할 수 있다.

특히 학자들마다 행복의 개념을 <표 21>과 같이 다양하게 정의하고 있다 (원지현 · 이순복, 2015).

❂ 〈표 21〉 학자별 행복의 개념

학자	행복의 개념	출처
Aristoteles (B.C 384)	• 행복은 탁월함에 따르는 영혼의 활동, 최고선 • 최상의 것과 가장 완전한 것에 일치	최민영(2003) 김윤희(2007)
Epicurus 학파 (11세기)	• 쾌락이 행복한 인생의 시작이자 끝 • 진정한 쾌락은 고통으로부터의 자유 • 소극적 쾌락(고통의 부재)이 우위: 적극적 쾌락을 추구하는 과정에서 육체와 마음의 불안이 생길 수 있음	김필라(2009)
Kant (18세기)	• 도덕적 행위 목적을 최고선	조은숙(1993)
J.s Mill (19세기)	• 공리주의: 고상한 쾌락 추구	서선미(2003)
Alain (19세기)	• 고대 그리스인들이 생각하고 정의 한 morals의 극치	정봉구(1981)

학자	행복의 개념	출처
Seneca, Lucius Annaeus	• 현재 자신이 가지고 있는 것들에 만족하며 현재를 즐기는 것이 중요함 • 다른 사람에 의한 것이 아닌 자신의 의지에 따라 스스로 움직이는 것	이성학(역) (1990)
道體夫婦	• 행복은 자기가 원하는 것, 가지고 싶은 것, 하고 싶은 것들을 이룬다고 해서 얻을 수 있는 것이 아니라 지금의 자신의 모습, 지금 자신이 하고 있는 것들을 자신이 좋아하게 됨으로써 얻을 수 있는 것	혜전(역) (1994)
이연영	• 가치 있고 보람 있는 인생은 자기 자신이 가지고 있는 강점을 찾아 최선을 다하는 삶	이연영(1995)
Robert E. Wubbolding	• 행복은 각자의 선택으로 얻음 • 행복을 얻기 위한 5단계 　1. 보다 기분 좋게 느끼기 　2. 보다 행복감을 많이 느끼기 　3. 다른 사람들과 더욱 더 잘 어울리기 　4. 효과적으로 자기 자신의 욕구를 충족시키기 　5. 자신의 존중감을 증진시키기	김은진(1997)
고범서	• 다른 동물과 달리 인간만이 생존욕구와 행복의 욕구를 가지고 있기 때문에 행복은 인간이 가지고 있는 본질적인 목적 • 행복은 '존재로서의 삶'에 의하여 획득되는 것	고범서(2000)
Csikszentmihaly	• Flow와 같은 개념 • 심리적인 몰입 상태를 이야기하며 어떤 행위에 깊게 몰입하여 시간적인 흐름이나 공간적인 개념, 더 나아가 자기 자신에 대한 생각까지도 잊게 될 때를 일컫는 상태	최인수(역) (2004)
Wayne Dyer	• 행복은 책이나 강의에서 배우는 것이 아니라 자기 자신의 행복을 위해 정성을 기울이고 노력함으로써 얻을 수 있는 것	오현정(역) (2006)
Spencer Johnson	• 행복이란 모든 사람들이 가지고 있는 보편적인 관심사 현대인들은 행복에 대해 너무 많이 알고 있는 지적 불행(educated unhappiness)의 상태로 행복을 오롯이 느끼는 데 문제를 겪고 있음	안진환(역) (2006)
John Q. Baucom	• 행복이란 자기 자신의 행동에 달려 있는 것	한은수 · 한인호(역) (2006)

학자	행복의 개념	출처
Liz Hoggar	• 소소한 만족감에서 정서적으로 강력한 기쁨, 환희에 이르는 모든 긍정적인 감정 상태를 아우르는 안녕의 상태	이경아(역) (2006)
Richard Carlson	• 행복은 삶의 완성, 완벽한 삶에서 오는 것이 아님 • 대부분의 인생은 우리가 바라는 대로 원하는 대로 흘러가지 않으며 다만 인생의 길을 묵묵히 갈 뿐임	이창식(역) (2010)
박영숙	• 어떠한 특정 목적과 동기로부터 생겨나는 것	박영숙(2009)
Oebeo rengget	• 자기 자신의 있는 그대로의 모습을 받아들이고 진정한 자신과 만났을 때 이를 수 있는 것	손희수(역) (2009)
遠藤周作	• 진정한 나를 직면하고 그런 나를 온전히 지켜나가면서 다른 사람들과 더불어 살아가는 것	한은미(역) (2008)
박지숙	• 인생의 행복과 불행은 마음먹기에 달려 있음	박지숙(2009
George E. Vaillan	• 행복을 얻기 위한 조건은 '각자 가지고 있는 인생의 고통에 어떻게 대응하는가'하는 달려 있음	이덕남(역) (2010)
이인호	• 장자에게 배우는 행복의 조건: 절욕, 여유, 자족, 허심, 유희	이인호(2010)
Eckartvon Hirschhausen	• 행복을 분류: 공동의 행복, 충만한 행복, 우연의 행복, 자기 극복의 행복, 순간의 행복	박규호(역) (2010)

행복에 대한 동서양의 관점을 살펴보면 동양 철학의 대표인 공자는 행복은 긍정적 감정인 즐거움은 배움을 통해, 타인과의 관계를 통해, 자기수양을 통해 얻을 수 있다고 논어에 제시하고 있고, 서양의 대표적 철학자 소크라테스는 진정한 행복이 자기성찰을 통해서 성취될 수 있다고 주장하였으며 아리스토텔레스는 인간의 고유한 기능이 덕에 따라 탁월하게 발휘되는 영혼의 활동이 행복(eudaimonia)이며, 이는 성취 가능하고, 완전하고 자족적이라는 행복의 조건을 만족시키는 최상의 좋음이라고 하였다(서울대학교 철학사상연구소, 2015).

또한, 행복은 긍정적인 적응과 조화로운 관계로 자신의 삶에서 만족감을 느끼며 의미 있는 삶을 사는 것이다(이경민, 2009). 또한, 주관적인 심리 상태로서의 행복에 있어서 가장 중요한 요소는 긍정적 정서체험이라고 볼 수 있다(권석만, 2010). 또한 행복은 개인의 인지적인 내적 과정보다는 그 결과로 나타나는 정서적 반응에 주로 초점을 둔 접근 형태로 일상생활 속에서의 다양한 경험으로부터 표출될 수 있는 상황적인 정서 반응이다(Bradburn, 1969). 행복하다고 느끼는 행복감은 첫째, 주관적인 것으로 개인의 경험 내에 존재하는 것이며 둘째, 삶의 긍정적이고 적극적인 측면을 반영하며 셋째, 모든 삶에 대한 개인 삶의 전반적인 평가를 말한다(Campbell, 1976).

한편, 행복을 결정하는 요소를 보면 유전적으로 타고난다는 50%의 설정 값과 의도적 활동 40%, 환경 10%를 나타내고 있다(Lyubomirsky, 2007). 이러한 '지속 가능한 행복 모델(sustainable happiness model)'은 어떻게 행복을 증가시키고 유지시킬 것인가에 대한 실험적인 개입 연구를 할 수 있는 이론적 틀을 제공해 준다(Lyubomirsky, Sheldon, Schkade, 2005).

따라서, 행복한 삶을 누리는 사람들은 유전이나 환경 때문이 아니고 의도적으로 노력을 기울여 활동을 하면서 행복을 만들어 가며, 자신의 강점을 날마다 발휘함으로써 삶의 만족과 진정한 행복을 찾을 수 있다(홍용희 외, 2013). 즉, 행복의 원천은 당신이 어떻게 행동하며 무엇을 생각하고 매일 어떤 목표를 세우는 가에서 찾을 수 있다(Lyubomirsky, 2008).

✅ 〈표 22〉 행복의 결정 요소

구분	특징
행복 설정점	• 부모 모두로부터 또는 각각으로부터 물려받은 행복의 유전적 기질(50%) • 개인이 이미 가지고 태어난 유전적 기질 및 생물학적인 특징들에 의해 설명 • 유전적 설정값으로 인해 시간이 지나면 원래의 행복 기저선 수준으로 신속히 돌아가는 경향
삶의 환경	• 성별, 나이, 지역, 인종, 교육수준, 사회적 지위, 지능, 수입, 주거환경 등과 같은 삶의 조건이나 환경적 요인(10%)
의도적 활동	• 개인의 동기와 의지에 의해 선택된 자발적 활동(40%)

행복 개념의 구성요소를 살펴보면 성인의 경우는 열정, 희망, 사랑, 감사, 호기심이 행복과 상당히 높은 상관이 있었으며(Peterson, Rush, Beerman, Park & Seligman, 2007), 청소년의 경우는 희망, 사랑, 감사, 열정이 행복과 유의미한 상관이 있었고(Park & Peterson, 2006b), 아동의 경우는 사랑, 친절, 창의성, 유머, 호기심 순으로 행복과 강한 상관이 나타났다(Park & Peterson, 2006a).

이 외에도 유아들은 부모가 자신들에게 사랑과 보살핌을 줄 때와 자신을 둘러싼 사람들, 즉 가족, 친구, 그리고 선생님과 맺는 친밀한 사회적 관계를 행복으로 인식(김성숙, 2013)하는 것으로 나타났으며, 유아의 행복개념에 대한 인식은 가정환경, 대인관계 순으로 관련성이 있으며, 유아의 일상생활과 밀접한 가정환경이 행복을 느낄 수 있는 중요한 영역으로 소개하였다(강영욱, 2009). 이는 유아를 중심으로 부모, 형제, 교사와의 관계는 Seligman이 주장한 행복요소의 '함께하는 삶'으로 설명되어질 수 있음을 의미한다.

03 행복의 구성요소

21세기에 들어서 비로소 행복에 대한 체계적인 접근이 본격적으로 시작되었으며, Martin Seligman을 비롯한 여러 심리학자들이 과학적인 연구방법론을 적용하여 행복에 대한 집중적인 연구를 하기 시작하였다. 그 결과 긍정심리학이라는 새로운 학문 분야가 개척되었으며 행복을 비롯한 인간의 긍정적인 측면을 과학적이고 체계적인 방법으로 탐구하는 학문 분야로서 주목을 받고 있다.

Seligman(1998)에 의하면 "진정한 치료는 손상된 것을 고치는 것만이 아니라 우리 안에 있는 최선의 가능성을 이끌어내는 것이어야 한다."는 새로운 방향의 '긍정심리학'을 주장하였다. 즉, 긍정심리학은 인간의 강점과 재능을 함양하고 행복을 증진시키는 심리학의 중요한 사명을 재확인하고 구현하려는 노력이라는 것이다(권석만, 2008).

특히 긍정심리학은 긍정 상태(positive states), 긍정 특질(positive traits), 긍정 기관(positive institutions) 등 <표 23>과 같이 세 가지 기둥을 포함한다(고영미, 2010).

● 〈표 23〉 긍정심리학의 세 가지 기둥

구분	특징
긍정 상태	• 인간이 주관적으로 경험하는 다양한 긍정적 심리 상태 연구 • 행복감, 안락감, 만족감, 사랑, 친밀감 등과 같은 긍정 정서를 비롯하여 자신과 미래에 대한 낙관적 생각과 희망, 열정, 활기, 확신 등 포함 • 긍정 상태의 구성요소, 유발 요인, 삶에 미치는 효과, 증진 방법 등 규명

구분	특징
긍정 특질	• 개인이 지니는 긍정적인 특질, 즉 개인의 긍정적인 성격 특성과 강점 연구 • 일시적인 심리 상태가 아니라 개인이 지속적으로 나타내는 긍정적인 행동양식이나 탁월한 성품과 덕목 • 창의성, 지혜, 끈기, 진실성, 겸손, 용기, 열정, 리더십, 낙관성, 유머, 영성 등
긍정 기관	• 구성원의 행복과 자기실현을 지원하는 긍정적인 기관, 제도에 대해 관심 • 행복하고 건강한 가족, 학교, 직장, 지역사회의 특성과 실현방법 탐구

기존의 긍정심리학은 다음과 같은 단점을 가지고 있다(Seligman, 2011).

첫째, 긍정심리학에서 이야기하는 진정한 행복은 긍정 정서, 몰입, 의미의 세 가지 영역의 하위요인으로 구분 짓는데 긍정 정서는 단순히 기분 좋음이라는 단순한 감정만으로 인식되며, 몰입과 의미는 행복이라는 정서와는 깊은 연관성을 찾아보기가 어렵다는 것이다.

둘째, 행복감을 연구하는 과정에서 자신의 삶이 얼마나 행복한가에 대해 점수를 적을 때 사람들은 그 질문을 받는 시점에서 그들의 삶의 만족도에 따라 결정되어지는 것이다. 현재의 순간이 삶의 전체를 판단하기 어려운 만큼 결과론적으로 도달해야 하는 행복감을 현재 측정자의 기분 상태에 따라 판단하는 것은 수많은 측정치의 오류를 양산할 수가 있는 것이다.

셋째, 진정한 행복감의 하위요인인 긍정 정서, 몰입, 의미는 행복을 위해 사람들이 행위하고 선택하는 과정에서 발생되는 다양한 면을 완벽하게 명시하지 못하고 있다.

이와 같은 문제점을 해결하기 위해 등장한 웰빙(well-being)이론은 행복을 측정될 수 없는 실물(real thing)로 삶의 만족도에 의해 정의되는 개념으로 설명하였다(Seligman, 2011). 즉, 행복이라는 것 자체가 객관적으로 측정될 수 없는 실물이므로, 웰빙이라는 측정 가능한 구조물을 이용하여 행복감을 측정하고자 하였다([그림 14] 참조).

특히 웰빙이론에서는 행복한 삶의 기준을 '번영(flourish)'라는 개념을 사용하였다. '번영'한 삶이란 번성과 풍족이라는 사전적 의미를 가지고 있으며 이는 삶의 만족도를 끊임없이 높여 현재보다 더욱 풍족한 행복을 이루어지게 하는 단계를 의미한다(문용린, 2014). 즉, 행복이란 완성되는 단계가 아니라 매 순간 순간 자신의 삶을 번성해 나가고 풍족하게 만들어 나가는 과정 속에서 자연스럽게 확

장되어 가는 개념인 것이다. 이 '번영'한 삶, 즉 더욱 풍족한 행복을 위한 웰빙이
론의 하위요인으로 셀리그만은 PERMA를 제시하였는데, PERMA란 긍정 정서
(positive emotion), 몰입(engagement), 관계(relationship), 의미(meaning), 성취
(accomplishment)를 의미한다. 진정한 행복이론에서 행복 지수를 높이는 것이 목
표였다면 웰빙이론에서는 번영(Flourish) 수치를 높이는 것이 목표가 된다(이진
남, 2016).

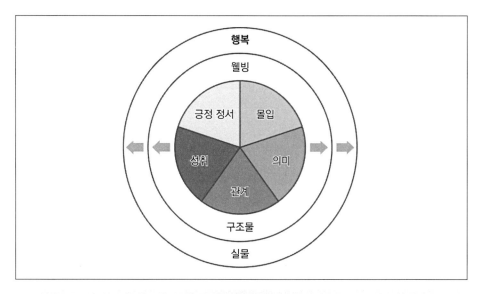

[그림 14] 웰빙이론의 구조

지금까지 살펴본 바와 같이, 긍정심리학의 기존 이론과 새로운 이론을 비교
하면 <표 24>와 같이 정리할 수 있다.

◈ 〈표 24〉 긍정심리학의 진화

구분	기존이론(진정한 행복)	새로운 이론(웰빙)
주제	행복	웰빙
측정기준	삶의 만족도(긍정적 정서, 몰입, 의미)	PERMA(긍정적 정서, 몰입, 의미, 긍정적 관계, 성취)
목표	삶의 만족도 증가	긍정적 정서, 몰입, 의미, 긍정적 관계, 성취의 증가에 의한 플로리시의 증가

출처: Seligman(2011/2011). p.36.

한편, Keyes(2002)는 행복의 요소를 긍정적 관계, 긍정적 정서(흥미), 삶의 목적, 자아수용, 긍정적 정서(행복), 사회적 기여, 사회적 통합, 사회적 성장, 사회적 수용, 사회적 일관성, 환경 통제, 자율성, 삶의 만족 등 13가지 요소로 정의하였으며, Huppert와 So(2009)는 긍정적 관계, 몰입, 의미, 자아존중감, 긍정적 정서, 능력, 낙관성, 정서적 안정감, 활력, 회복력 등을 10가지 구성요소로 구분하였다. 또한 Diener 등(2010)은 긍정적 관계, 몰입, 목적과 의미, 자아수용과 자아존중감, 능력, 낙관성, 사회적 기여 등의 7가지 구성요소로 나누어 설명하였다. 이외에도 Seligman(2011)이 제시한 웰빙이론에서는 행복을 높일 수 있는 다섯 가지 요소가 있으며, 이는 기존 진정한 행복 이론의 요소였던 긍정적 정서(positive emotion), 몰입(engagement), 의미(meaning), 관계(relationship)와 성취(accomplishment)를 추가하여 구성되어 있다(<표 25> 참조).

❤ 〈표 25〉 학자들의 행복 구성요소

Keyes(2002)	Huppert & So (2009)	Diener et al(2010)	Seligman (2011/2011)
긍정적 관계	긍정적 관계	긍정적 관계	긍정적 관계
긍정적 정서(흥미)	몰입	몰입	몰입
삶의 목적	의미	목적과 의미	의미와 목적
자아수용	자아존중감	자아수용과 자아존중감	–
긍정적 정서(행복)	긍정적 정서	–	긍정적 정서
–	능력	능력	성취/능력
–	낙관성	낙관성	–
사회적 기여	–	사회적 기여	–
사회적 통합	–	–	–
사회적 성장	–	–	–
사회적 수용	–	–	–
사회적 일관성	–	–	–
환경 통제	–	–	–
개인의 성장	–	–	–
자율성	–	–	–
삶의 만족도	–	–	–

Keyes(2002)	Huppert & So (2009)	Diener et al(2010)	Seligman (2011/2011)
–	정서적 안정감	–	–
–	활력	–	–
–	탄력성	–	–

출처: Hone, Jarden, Schofield, & Duncan(2014). p.65.

가. 긍정 정서

정서란 사람의 마음에 일어나는 여러 가지 감정(국립국어원, 2014)으로, 인간의 정서는 기쁨, 만족, 사랑과 같은 긍정적 정서와 불안, 슬픔, 분노, 절망과 같은 부정적 정서로 구분된다. 행복이란 즐거움 또는 긍정적 정서를 느끼고 불쾌감이나 부정적 정서를 느끼지 않는 경험이므로, 긍정심리학의 목표인 행복플로리시한 삶을 만들기 위해서 긍정적 정서를 증진시키는 것은 매우 중요하다.

특히 긍정적 정서와 부정적 정서는 독립적으로 작용하고 있어 부정적 정서를 낮춘다고 해서 긍정적 정서가 증가하는 것은 아니지만(우문식, 2012), 부정적 정서와는 반대로 긍정적인 정서는 부정적 정서를 상쇄시키거나 긍정적 정서로 빠르게 회복시킬 수 있다(Fredrickson, 2001; Tugade & Fredrickson, 2004).

한편, 행복한 사람은 대부분의 시간에 긍정적 감정을 더 많이 경험하고 가끔 부정적인 감정을 경험한다(Diener & Seligman, 2002). 즉, 긍정적 정서를 계발하고 경험하는 것은 일반적으로 긍정적인 결과를 유도한다(Fredrickson, Cohn, Coffey, Pek, & Finkel, 2008).

그러나 부정적 정서는 생존에 위협을 받는 경우에 적응적으로 진화된 정서로서 부정적 정서가 삶에 있어 무조건적으로 부정적 영향을 끼치는 것은 아니며, 긍정적 정서를 많이 느낀다고 해서 행복플로리시한 삶을 누릴 수 있는 것은 아니다. Fredrickson과 Losada(2005)는 성공적인 사회적 적응을 보이는 사람과 그렇지 못한 사람들의 정서 경험을 조사하였는데, 성공적인 사회적 적응을 보이는 사람의 긍정적 정서와 부정적 정서의 비율은 2.9대 1로 나타났다. 즉, 긍정적 정서를 부정적 정서보다 3배 이상 느끼는 사람이 높은 사회적 적응력을 가지는 것으로 나타났고, 이러한 2.9대 1의 긍정성 비율을 '로사다 비율(Losada ration)'이라고 하였다. 또한, 긍정적 정서와 부정적 정서가 11대 1을 넘어서면 오히려 적응 수준이 떨어지는 것으로 보아, 긍정적 정서의 과도한 추구는 지속적인 행복에 바람직하지 않다(권석만, 2013). 따라서, 일상생활 속에서 긍정 정서와 부정 정서의 적절한 비율을 유지하는 것이 행복플로리시를 추구하는데 중요함을 알 수 있다.

한편, 긍정적 정서는 행복플로리시한 삶에 도달하게 하거나 최적의 웰빙 상태를 제공하며 부정 정서의 상호보완적인 정서로써 노력에 의해 길러질 수 있는 영역이다(Fredrickson, 2001). 또한 긍정 정서 그 자체가 중요한 것이 아니라 스스로 자신의 능력을 발휘하여 긍정 정서를 만들어 내는 것이 중요하다. 만일 자신의 강점과 미덕을 발휘하지 않고 외적인 자극을 이용하여 긍정 정서를 경험하려 한다면 끝에는 공허함, 불확실성, 우울증에 빠지게 되고 결국 죽을 때까지 불안하고 고통스러운 현실 속에서 살아가게 될 수 있다(Seligman, 2002, 2011).

나. 몰입

몰입이란 우리의 의식과 심리적 에너지가 질서 있게 한 가지 목표에 집중하는 최적의 상태로 어떤 것에 완전히 빠져 모든 것을 잊어버릴 정도의 경지를 말한다(Csikszentmihalyi, 1990). 즉, 몰입은 행복한 상태로서, 운동선수나 음악가, 비디오 게임에 열광하는 사람들과 같이 어떤 행동에 완벽하게 참여하는 느낌이며, 누구든지 어떠한 좋아하고 추구하는 것에 스스로를 잃어버리는 것이다(Wallis, 2005).

특히 Csikszentmihalyi(1990, 2000)는 몰입한 상태에서 나타나는 아홉 가지 공통적인 특징을 발견하였다(<표 26> 참조).

☑ 〈표 26〉 몰입의 요소

몰입의 9요소
1. 도전과 능력의 조화(challenge-skill balance)
2. 행위와 의식의 통합(action-awareness merging)
3. 명확한 목표(clear goals)
4. 구체적인 피드백(unambiguous feedback)
5. 과제에 대한 집중(concentration on task at hand)
6. 통제감(sense of control)
7. 자의식의 상실(loss of self-consciousness)
8. 시간감각의 왜곡(transformation of time)
9. 자기목적적 경험(autotelic experience)

첫째, 몰입하고 있는 상태에서는 자신이 무엇을 해야 하는지 정확히 알고 있다. 둘째, 자신이 얼마나 잘하고 있는지 알고 있다. 셋째, 자신의 능력이 주어진 일을 하기에 적절하다고 느낀다. 넷째, 하고 있는 일에 주의력이 집중된다. 다섯째, 지금 하고 있는 일만 의식한다. 여섯째, 무언가에 전념해 있기 때문에 실패를 생각하지 못한다. 일곱째, 자아를 망각하는 상태에 있어 역설적으로 자아가 확장된다. 여덟째, 시간을 잊게 된다. 아홉째, 활동 자체를 목적으로 즐기는 것으로 나타났다.

또한, 시간을 통해 자아의 성장을 가능하게 하는 몰입의 결과를 나타내면 [그림 15]와 같이 도식화할 수 있다(Csikszentmihalyi, 1990).

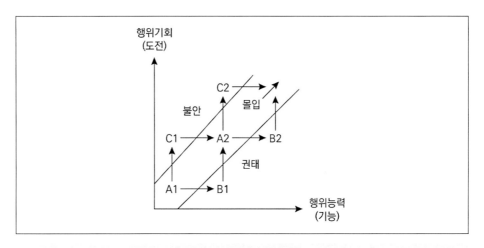

[그림 15] 몰입의 역학

한편, 몰입의 경험은 즐거운(interesting) 경험, 내재적으로(intrinsic) 보상을 받는 경험, 전체적(holistic) 경험, 자기목적적(autotelic) 경험이라는 특징을 가지고 있다(Csikszentmihalyi, 2000.) Csikszentmihalyi가 제시한 몰입을 경험하기 위해서는 다음과 같은 조건일 때 더욱 잘 일어난다(권석만, 2013). 첫째, 분명한 목표가 있는 활동을 할 때 더욱 잘 일어난다. 즉, 지금 하고 있는 경험의 목표가 분명하지 않거나 장기적이면 몰입이 잘 일어나지 않으며, 단기적이고 분명한 목표를 가지고 있을 때 몰입은 좀 더 쉬워진다. 둘째, 몰입은 즉각적인 피드백이 있는 활동에서 잘 일어난다. 즉각적인 피드백은 현재 자신의 위치를 파악하고, 어떠한 행동을 해야 하는지를 분명하게 알려줌으로써 쉽게 몰입하게 된다. 셋째, 개인이 가지고 있는 능력과 과제의 수준이 적절한 균형을 이루어야 한다. 과제의 수준이 자신이 가지고 있는 능력보다 낮을 때는 권태감을 느끼게 되고, 과제의 수준이 높을 때는 불안과 긴장의 상태를 경험하여 그 활동을 포기하게 만든다. 과제와 능력의 수준이 둘 다 낮은 경우는 몰입의 상태를 경험하지 못하고 무관심으로 이끈다. 그러나 자신이 가진 최고의 수준을 발휘할 때 성공적으로 수행할 수 있는 도전적인 과제는 몰입을 유발하게 된다. 넷째, 자신의 흥미와 과제의 특성이 일치할 때 몰입이 잘 일어난다. 즉, 몰입은 주관적 경험이기 때문에 제시된 과제가 자신의 흥미나 즐거움을 일으키지 않는다면 시간이 흘러가는 줄도 모르는 무아지경의 상태인 몰입을 경험할 수 없는 것이다.

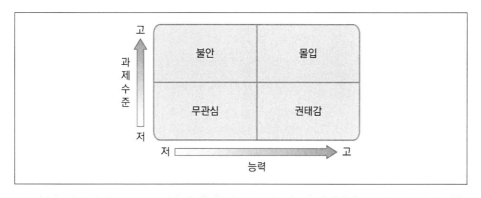

[그림 16] 과제수준과 능력과의 관계

또한, 몰입에는 소모적 몰입과 생산적 몰입의 두 가지 종류의 몰입이 있으며, 이는 서로 다른 가치를 가지고 있다(문용린, 2014). 첫째, 한순간의 쾌락적 즐거움에서 오는 몰입을 소모적 몰입 또는 거짓 몰입이라고 하는데, 이러한 소모적 몰입은 행복플로리시를 가져오지 않고, 오히려 몰입의 순간이 지나면 허무감이나 불행감을 느끼기도 한다. 즉, 시간 가는 줄 모르고 텔레비전을 시청하는 것은 몰입하는 것처럼 보이지만 삶의 질적 향상에 궁극적인 발전과 혜택을 주지 않는다. 둘째, 행복플로리시한 삶과 관련된 생산적 몰입이다. 생산적 몰입이란 자신의 꿈과 목표를 향해 나아가는 발전적 몰입을 의미하며, 활동에서 즐거움과 지속적인 만족을 보이는 사람에게는 몰입의 상태가 나타난다(Csikszentmihalyi,

2004). 즉, 생산적 몰입은 몰입 당시에는 대체로 사고와 감정이 결여되어 있고, 고통이 따르기도 하지만 이후 소모적 몰입과는 비교할 수 없는 충만감을 가지게 된다. 즉, 동일한 조건 속에서 몰입을 경험하는 사람은 그렇지 않은 사람에 비해 자신의 가능성과 잠재력을 끌어올리고, 궁극적으로 행복플로리시해질 수 있게 된다(Csikszentmihalyi, 2000). 즉, 몰입은 그 자체로 즐거움을 제공할 뿐만 아니라 행복, 능력, 동기부여, 존재감, 낙관성, 미래지향성 등을 수반하는(Bormans, 2012) 행복의 필수적 요소인 것으로 나타났으며, 하루 중 몰입한 시간이 많을수록 생활 경험의 질이 향상되었다(LeFevre, 1988). 또한 무엇을 하고 있을 때 현재에 집중(not mind wandering)하는 사람이 불쾌한 딴 생각(unpleasant mind wandering), 중립적인 딴 생각(neutral mind wandering), 기분 좋은 딴 생각(pleasant mind wandering)을 하고 있는 사람보다 행복감이 높은 것으로 나타났다(Killingsworth & Gilbert, 2010).

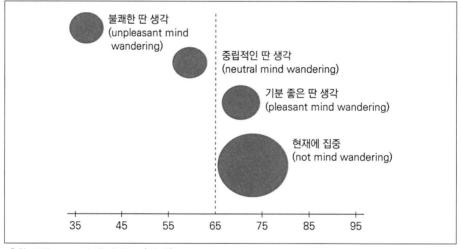

출처: Killingsworth & Gillbert(2010). p.932.

[그림 17] 몰입과 행복과의 관계

다. 관계

인간은 다양한 인간관계 속에서 성장하고 발달하며, 이러한 인간관계는 삶의 질을 결정하는 핵심요소이다(송명자·이현림, 2008). Ryff와 Singer(2000)의 연구에서는 지지적인 사회적 관계를 가지고 있는 사람들이 그렇지 못한 사람에 비해 더 나은 건강과 행복감을 가지고 있는 것으로 나타났다. 행복에서 가장 중요한 것은 인간관계이며 가족, 친구와의 정서적 소통, 친밀감, 대화 등은 행복감을 증진시키고 건강도 좋아지게 한다(Bormans, 2012).

특히 행복과 관련된 연구에서 행복한 사람은 높은 정신건강과 좋은 사회적 관계를 가지고 있는 것으로 나타났다. 즉, 행복감이 높은 사람은 낮은 사람보다 혼자 있는 시간이 적었고 높은 사회성과 사회적 관계를 유지하고 있었으며, 가장 행복한 사람으로 꼽힌 22명 중 1명을 제외하고 교제하는 사람이 모두 있는 것으로 보고되었다(Diener & Seligman, 2002). 또한 행복한 사람은 가족, 친구 등 가까운 사람과 관계를 잘 맺고, 친구와 동료의 정서적이고 실질적인 지원을 받을 가능성이 높으며(Lyubomirsky, 2008). 덜 행복한 사람보다 더 많은 친구를 가지고, 더 행복한 결혼 생활을 유지하는 것으로 나타났다(Lyubomirsky, King, & Diener, 2005).

한편 Christakis와 Flowler(2010)는 10년간 1만 2067명을 대상으로 3단계 영향 법칙을 완성하였는데, 3단계 영향 법칙이란 3단계 거리 안에 있는 사람들, 친구(1단계), 친구의 친구(2단계), 친구의 친구의 친구(3단계)에게 직접적 영향을 받으며 자신 또한 3단계 거리 내의 사람들에게 영향을 준다는 이론이다([그림 18], [그림 19] 참조).

[그림 18] 행복 확산의 법칙

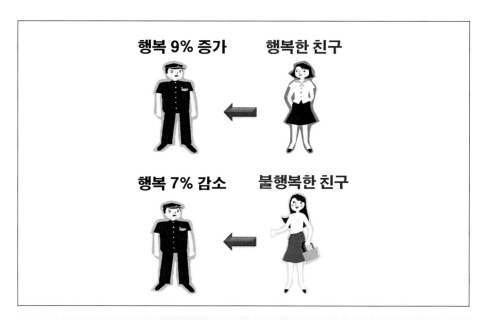

[그림 19] 행복한 친구와 불행한 친구

라. 의미

삶의 의미는 자신의 생활과 인생에서 소중한 의미를 발견하고 살아가기 위한 행복의 필수적 요소이다(인보영·김인옥, 2012; Ryff, 1995). 삶의 방향성에 의해 우리는 스스로 중요하다고 생각하는 삶의 목표 가치를 찾게 되고 경험들을 평가하며 자신의 삶의 의미를 추구하는 것이다.

특히 Frankl(1963)은 인간이 추구하는 가장 기본적인 동기로서 시련 속에서도 의미를 찾아 충족감과 행복감에 도달하기도 한다고 하였으며, Ryff와 Singer(1998)는 삶의 의미가 긍정적인 정신 건강에 기여하는 요인을 넘어서 웰빙 그 자체임을 강조하기도 하였다. 즉, 주관적 안녕감이 높은 수준일 때보다 주관적 안녕감과 의미가 합해졌을 때 보다 더 높은 수준의 긍정적 정신 건강이 유발될 수 있다(Keyes, 2007).

한편, 삶의 의미와 관련된 연구 결과를 살펴보면 삶의 의미는 행복과 정적인 상관이 있었으며, 수면의 질, 식사 및 운동 등의 건강에도 중요한 역할을 하는 것으로 나타났으며(김경미·류승아·최인철, 2011; 정영숙·조설애, 2013), 주관적 안녕감과 우울 등의 심리적 건강에 영향을 미치는 것으로 나타났다(박선영, 2013).

또한 삶의 의미가 높을수록 자존감, 정신건강, 사회적 지지는 높아지고, 대인관계에서 불편감과 회피수준은 낮은 것으로 드러났고(최명심, 2011), 삶의 의미를 추구하는 것은 개인적 성장뿐만 아니라(김경희, 2011) 긍정적 정서와 의미를 발견하는데 있어 중요한 요인임이 밝혀졌다(이희경·김경희, 2013).

마. 성취

성취는 장애를 극복하고 권력을 행사하며 가능한 어려운 일을 훌륭하게 수행하기 위하여 노력하려는 욕망이다(Murray, 1938). 성취는 사람들이 긍정적 정서나 삶의 의미, 긍정적 인간관계를 제외한 상황에서도 그 자체가 좋아서 추구하는 경향이 있으며 인간은 성취만을 위해 전념하며 살아가는 특징이 있다(Seligman, 2011).

특히 성취를 위한 목표는 내재적 목표와 외재적 목표의 두 가지 유형으로 나누어진다. 첫 번째는 사회적 명성, 돈, 용모, 권력 등 다른 사람에게 좋은 인상을 주고, 타인과 비교하는 데에 초점을 맞추는 외재적 목표이고, 두 번째는 본질적으로 만족감을 느끼게 하고 새로운 것을 배우고 익히는 자체를 배우며, 자신의 관심, 가치, 잠재력을 실현하는 것에 초점을 맞추는 내재적 목표이다(Vansteenkiste, Soenens, & Duriez, 2008).

한편, 행복은 우연히 얻게 되는 결과가 아니라 자신의 삶의 목적과 기능을 충실히 수행할 때 증진될 수 있으며(홍은숙, 2012), 목표로 삼은 무엇인가를 성취하기 위해서는 끊임없는 노력과 의지를 수반해야 하며, 이때 노력과 의지 없이 얻어진 성취 결과는 오히려 삶의 만족도를 떨어뜨리게 될 것이다(문용린, 2014).

CHAPTER 05

정서와 명상

01 명상의 역사

명상이 어느 때부터 시작되었는지 정확하게 알 수 없지만, 문헌상 명상의 방법에 대해 언급된 것 중 최초의 것은 지금부터 약 5,000여 년 전 '탄드라(Tantras)'라고 불리는 인도의 고대 성전에 기록된 것이다. 비록 더 이상의 오래된 기록은 찾을 수 없지만, 훨씬 이전부터 명상은 전해져 왔을 것으로 짐작할 수 있다(장현갑, 2013).

명상은 인간의 정신생활의 기본이 되는 것으로 인류가 살아온 원동력이면서도 서구에서 발달된 것과 동양 특히 인도에서 그것이 서로 차원을 달리 하고 있으며, 인도에서도 여러 학파에 따라서 그 내용이 달리하면서 오늘날까지 전해오고 있다(박은희, 2003).

인간의 마음을 효과적으로 순화하고 개선시키기 위한 신념과 적극적이고 지속적인 수행 방법을 통해 인간이 자기 스스로의 소원성취를 달성하기 위한 수단으로써 종교에 의지하고 있다. 따라서, 명상은 종교적 목적을 달성하고 자아완성을 이루기 위해서 행해야 할 수행의 방법으로 행하였다(박은숙, 2015).

특히 동양적 명상에서 종교나 철학이 추구하는 주제는 생로병사에 따른 현재의 마음 상태에서 벗어나 보다 이상적인 순수한 원초적 마음의 상태로 환원하는 실천지를 명상이라고 한다(박은숙, 2015).

동양에서 명상을 종교적으로 중요시하여 체계적으로 발전시킨 인도는 요가라는 독특한 수행을 통해서 종교 문화의 꽃을 피웠다(정현갑, 2004). 이러한 요가를 통해서 종교 문화를 형성하고 세계 어느 민족보다 가장 높은 정신문화로 발전할 수 있었다(정태혁, 1987).

인도의 요가나 불교에서 사용하는 정신수련법을 통해서 도달한 마음의 상태를 '다냐(Dhyana)'라고 한다. 이러한 'Dhyana'는 시끄럽고 산란한 마음을 가라앉혀 고요하고 집중된 마음 상태와 그에 이르는 수양법(박석, 2006)으로서, 인간 속에 있는 신성, 완전한 인간성을 발견하는 과정이라 할 수 있다(박은숙, 2015).

원래 요가는 B.C. 3000년 이전부터 수행자들에 의해 전해지면서 종교적 목적을 달성하고, 인격의 완성을 가하기 위해서 행해지는 유일한 방법으로 통했다(서정섭, 2006). 오늘날까지 이어오면서 요가는 인도 사람들의 종교적 수행이라고 이해되고 있으며, 인도인들은 이것을 인격완성의 유일한 길이며, 또한 몸과 마음을 올바르게 하는 가장 뛰어난 지혜라고 한다(정태혁, 1987).

오늘날 인도의 요가는 일종의 미용이나 건강을 위한 것으로 이용되고 있고 일부 학자들에 의해 정신적인 면이 강조되자 학문적으로 높은 가치를 인정받고 있다. 종교적인 차원을 넘어서서 생활 속의 요가를 '카르마 요가'라고 하고 신앙심을 가지고 신에 대한 전념을 가르치는 요가를 '바르카 요가'라 한다(박은희, 2003).

또한, 인도를 비롯한 고대 동양의 종교나 철학의 핵심 주제는 고통스러운 현존적 마음의 상태로부터 보다 완전한 이상적인 마음의 상태로 초월해 가려는데 있다. 이러한 마음의 고통에서 벗어나 아무런 왜곡 없는 순수한 마음 상태로 돌아가는 것을 초월(transcendence)이라 하며 이를 실천하려는 것이 명상(冥想, meditation)이다(David, 1993).

서양에서도 서양심리학의 한계성을 인식하고 동양사상에 대하여 관심이 고조되고 있으며, 특히 동양 고유의 심신 수련 방법에 대한 관심은 날로 증가하고 있다. 특히 동양문화는 전통적으로 인간 정신의 규명과 발전에 많은 관심과 노력을 기울여왔으며, 이와 같은 정신문화의 배후에는 정신을 수련하는 방법과 실천이 항상 중요한 역할을 하였다(서정섭, 2006).

특히 서구 학자들이 주도한 명상의 연구는 초기 불교 경전의 기록에 사용된 고대 인도의 팔리(pali)어 '사티(sati)'에서 비롯되었다. 'sati'는 불교 전통의 모든 명상법의 토대가 되는 개념(siegel et al, 2009)으로서, 주의, 기억 뜻으로 사용되고 있다(김완석, 2016).

또한, 1975년 서구에서 명상을 발전시킨 Herbert는 각성 상태에서 의식의 구속에서 벗어나 자유로운 상태를 만들어 의식적 자아를 원초적 자아로 본질적 접근을 유도하는 초월 명상(transcendental meditation)을 시도하였다. 그 후, 1990년 Kabt-Zinn은 마음챙김에 근거한 스트레스 감소를 위해 'sati'의 개념을 발전시킨 MBSR(mindfulness based stress reduction) 명상을 보급하였다.

02 명상의 필요성

4차 산업혁명시대 미래 사회는 매우 급변하게 변화한다. 이스라엘 석학자인 유발 하라리 교수는 변화하는 세상을 효과적으로 대처하기 위해서는 마음의 균형(mental balance)을 맞추는 감성 지능(emtional intelligence) 계발이 매우 중요하다고 주장하고 있다. 이러한 마음의 평정심을 찾기 위해서는 명상이 매우 중요하다. 마음의 평정심을 유지하면 스트레스를 잘 조절할 수 있고 관리할 수 있다.

특히 Selye(1976)는 인체의 비특이적인 반응을 나타나게 하는 원인을 '스트레스원'이라고 정의하면서, 우리 몸이 세 단계에 걸쳐 스트레스에 반응한다는 가설을 내놓았다. 스트레스 원에 대한 인체의 동일한 반응을 '일반적 적응 증후군'이라고 명명하고, '경고반응(alarm reaction)', '저항단계(resistance)', '소진단계(exhaustion)'로 나누어 설명하였다.

첫 번째 경고반응 단계에서는 투쟁 또는 도피 반응(Fight-or-Flight Response)과 비슷한 정보반응이 신체 전반에서 일어난다. 인간이 스트레스를 받았을 때 우리의 몸에서는 생리적, 심리적, 행동적 반응이 일어나는데 이를 '투쟁 또는 도피 반응(Fight-or-Flight Response)'이라고 한다.

두 번째 저항단계에서는 우리 몸이 저항하거나 항상성 회복을 추구하는 식으로 스트레스 요인에 적응한다. 스트레스 요인이 오래도록 지속되거나 아주 강력한 경우 우리 몸이 탈진해버리는 세 번째 소진단계가 나타난다.

이런 반응에 주로 관여하는 부위는 시상하부, 뇌하수체, 부신피질로서 이를 통칭해서 HPA 축(Hypothalamic‒Pituitary‒Adrenal Axis)이라 부른다. 뇌의 편도 체에서 지각된 자극이나 위험신호는 시상하부의 뇌실방핵을 자극해 코르티코트 로핀 방출 호르몬(Corticotropin‒Releasing Hormone: CRH)을 분비하도록 한다. CRH는 뇌하수체 줄기에 있는 문맥을 통해 뇌하수체 전엽으로 전달되며 여기에 서 부신피질자극호르몬(AdrenoCorticoTropic Hormone: ACTH)이 분비되도록 유도 한다(장현갑, 2010). 이 ACTH는 부신피질로 전달되며, 자극을 받은 부신피질은 코르티솔(cortisol)을 합성해 혈류로 방출한다(Girdano et al., 2008). 코르티솔은 매 우 중요한 스트레스 호르몬으로 뇌를 포함한 신체 전반에 작용해 스트레스 저항 과 항상성 회복에 관여한다([그림 20 참조]).

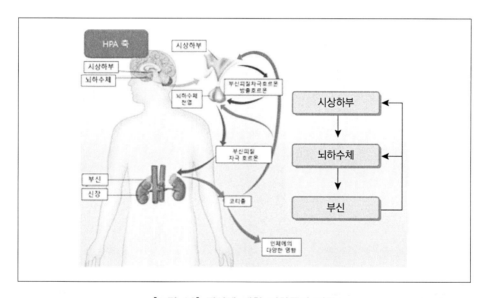

[그림 20] 정서에 대한 진화론적 이론

또한, 4차 산업혁명시대는 몸과 마음이 경직된 상태보다는 이완된 상태를 유 지해야만 시대적·사회적 변화에 적극적으로 잘 대처할 수 있다. 이완된 상태는 교감신경계가 과잉 활동하는 상태에서 부교감신경계가 우세하도록 바뀐 상태로 서, 몸과 마음이 편안한 상태를 유지할 수 있다. 이러한 이완 상태를 유지하는 방법 중 하나가 호흡과 명상이다.

한편, 4차 산업혁명시대는 자기 자신을 객관적으로 바라보는 성찰 능력 즉,

메타인지(meta-cognition) 능력을 향상시킬 필요가 있다. 이러한 메타인지 능력은 청소년의 학업 성적의 향상뿐만 아니라, 직장인의 업무 능력도 향상시킬 수 있다는 장점을 가지고 있기 때문에 최근에 많은 관심을 가지고 있다. 메타인지는 상위인지, 초인지 등 다양한 용어로 사용되고 있는데, 호흡과 명상을 통해서 자신을 성찰하는 객관적인 안목이 생길 수 있다.

03 명상의 개념

명상의 어원은 라틴어 'contemplatio, meditatio'에 해당하여 묵상, 관상을 의미하고 "깊이 생각하다", "묵묵히 생각하다" 등으로 해석할 수 있다(박은숙, 2015). 즉, 명상은 마음을 자연스럽게 안으로 몰입시켜 내면의 자아를 확립하거나 종교 수행을 위한 정신집중 상태라 할 수 있다(서정순, 2014).

일반적으로 모든 생각과 의식의 기초는 고요한 내면의식이며, 명상을 통하여 순수한 내면의식으로 자연스럽게 몰입하게 된다(서정섭, 2006). 따라서, 명상은 인간의 의식을 어느 하나의 대상에 집중하도록 하는 훈련을 통해 궁극적으로 내적 평온함이 극대화되어 자기를 만나는 최고의 경지에 도달할 수 있는 정신수련법이라 할 수 있다(장현갑, 2004).

특히 약은 몸을 치료하고 명상은 우리의 존재를 치유하는 자기 내면의 약이기 때문에, 운동은 신체를 건강하게 하는 'physical-exercise'라고 하는 반면에, 명상은 정신을 건강하게 하는 'mental-exercise'라고 한다(박은숙, 2015).

다시 말해, 명상은 긴장과 잡념에 시달리는 현실세계로부터 의식을 떼어놓음으로써 밖으로 향하였던 마음을 자신의 내적인 세계로 향하게 하고, 외부에 집장하고 있는 의식을 안으로 돌려줌으로써 마음을 정화시켜 심리적인 안정을 이루게 하여 육체적 휴식을 주고 몸의 건강을 돌보게 한다(서정순, 2006).

또한, 명상은 '흙탕물을 컵에 담아 탁자 위에 가만히 올려 놓으면 조금씩 흙은 밑으로 가라앉고 물은 깨끗하게 되는 현상'에 비유할 수 있기 때문에, 마음과 몸의 흥분이 가라앉게 되면 두뇌는 신체에 더 이상 스트레스 메시지를 보내지 않아 이완되고 건강한 상태가 될 수 있다(장현갑, 2013).

마음 챙김 명상의 개발자인 Kabat-Zinn(1990)은 '마음에서 일어나는 것을 판단하거나 평가하지 않고, 의도적으로 현재의 순간에 주의를 집중할 때 발생하는 알아차림'으로 정의하였다. 또한, 명상은 '눈을 감고 고요히 생각한다'는 뜻으로 의식을 어느 하나의 대상에 집중하도록 하는 훈련을 통해 궁극적으로 내적 평온함이 극대화되어 진정한 자기를 만나는 최고의 경지에 이르도록 하는 정신 수련법으로 장현갑(1996)은 정의하였다. 더욱이, 정태혁(2007)은 '마음을 자연스럽게 안으로 몰입시켜 내면의 자아를 확립하거나 정신집중을 널리 일컫는 말' 또는 '눈을 감고 고요히 생각한다'라고 정의하였다.

이 외에도 명상은 '이완을 목적으로, 의도적(willfully and purposefully)으로 자신의 주의를 조절하고, 자신 혹은 개인 성장과 초월을 탐구하는 것'으로 정의할 수 있다(Brefczynski-Lewis et al. 2007). 또한, 명상은 알아차림을 통해 있는 그대로의 실상을 검증해 가는 방법과 과정(권수련, 2018)으로 정의하기도 한다. 이러한 명상은 마음이 또렷하게 깨어 있으면서도 신체는 이완된 상태로서, 각성, 이완, 평온감이 동시에 나타나는 마음과 몸의 평화 상태라 할 수 있다(장현갑, 2013).

따라서, 명상이란 전통적으로 한층 더 높은 의식 상태 혹은 더 건강하게 여겨지는 상태에 도달하고자 정신적 과정을 가다듬는 것을 목적으로 하는 의식적 훈련이지만, 현대에서는 이완을 목적으로 하거나 어떤 종류의 심리적 치료를 목적으로 행해질 수도 있다(安藤 治, 2009).

한편, '나는 누구인가?', '나는 어디를 향해 가고 있는가?'에 대한 물음은 인간 존재에 대한 기본적인 물음이며, 그 물음에 대한 해답을 찾기 위한 시도로써 종교, 철학, 심리학 등이 탄생했다. 최근에는 명상을 '진정으로 우리가 누구인지를 알아가는 과정'으로 인식하여 자아를 깨닫는 체계적인 기술(김윤탁, 2018)로 정의하고 있다.

결론적으로 말하자면, 인간이 항상 일상생활에서 일어나는 모든 행위에 깨어 있는 상태로 바라볼 수 있다면 모든 생활이 '명상화된 삶'이라 할 수 있다(박은숙, 2015).

04 명상의 효과

명상은 마음의 안정, 자기 통제력 증진, 알콜 중독 및 스마트폰 중독 치료, 심리 치료, 신체적 건강 증진, 메타인지 능력 향상, 영성 향상 등 다양한 효과가 있다(장현갑, 2013; 김정호·김완석, 2013; 김윤탁, 2018).

첫번째, 스트레스 상태에서는 신체적 및 정서적으로 항상 긴장되어 있지만, 명상을 통해서 주의집중을 하게 되면 흥분이나 긴장이 사라지고 몸과 마음이 차분해진다. 즉, 스트레스를 유발하는 내적 또는 외적 자극을 멈추게 함으로써 신체적 및 정서적으로 이완 및 휴식 상태를 유지할 수 있다.

두번째, 명상을 하면 혈압이 내려가고 심장박동이 느려져 심장병 발병의 위험률이 낮아지는 효과가 있다. 이는 몸과 마음의 긴장을 이완시켜 교감신경계의 작용보다는 부교감신경계의 작용이 더 우세하기 때문이다.

세번째, 명상을 하면 세로토닌(serotonin) 분비가 증가되기 때문에, 우울증보다는 행복감을 느낄 수 있다. 세로토닌은 행복감을 느끼게 하는 신경전달물질이기 때문에, 우울증 예방 및 치료에 많은 도움을 줄 수 있다.

네번째, 장기간 스트레스를 받게 되면 코르티솔 분비가 증가하기 때문에, 스트레스를 해소하기 위해 음식을 과다하게 섭취함으로써 비만이 될 우려가 많다. 따라서, 명상을 통해 효과적으로 스트레스를 대처할 수 있는 역량을 길러줌으로써 코르티솔 분비를 최소화하여 비만을 예방할 수 있다.

다섯 번째, 명상을 하면 두통 등 각종 만성 통증을 감소시킬 수 있다. 즉, 명상을 통해 신체 조절 작용이 개선되어 스스로 신체가 치유되는 것은 물론, 통증에 대한 주의 초점이 다른 곳으로 이동하기 때문에, 각종 만성 통증 환자의 증후가 개선될 수 있다.

여섯 번째, 명상을 하면 사고 작용을 멈추는 훈련을 할 수 있다. 즉, 명상은 일상적으로 인간이 가질 수 있는 자기와 세계에 대한 인식의 틀(관점)을 멈추게 함으로써 습관적이고 자동적으로 인식하지 않고 자기와 세계를 있는 그대로 경험할 수 있는 기회를 제공할 수 있다.

일곱 번째, 명상을 하면 삶에 대한 태도가 바뀌고 건전한 가치관과 인생관을 가질 수 있다. 즉, 명상을 통해 일상의 작은 문제보다는 전체적인 상황을 보는 시야가 넓어지고 특정 사건에 대해 인과관계에 대한 통찰력이 향상되는 등 지혜가 생길 수 있다.

여덟 번째, 명상을 하면 텔로미어(telomere)의 길이가 길어져 노화를 지연시키고 치매를 예방할 수 있다. 생명 노화 과정을 촉진시키는 '유리기'라는 활성산소 발생을 억제하고 텔레머라아제(telomerase)라는 효소의 활동성을 높임으로써 두뇌의 노화를 예방할 수 있다.

아홉 번째, 명상을 하면 독감, 암 등 살상세포(killer cells)나 NK세포라는 면역세포의 수치를 증가시킴으로써 병균을 퇴치할 수 있다. 이 외에도 명상을 통해서 제2형 당뇨병, 퇴행성 관절염, 알레르기 관련 질병, 피부병, 만성 피로 증후군, 소화기 계통 질병 등 신체의 전반적인 기능이나 면역 기능을 개선할 수 있다.

열번째, 명상을 하면 특정 개념이나 대상에 집중하는 능력이 향상되어 학습 능력과 기억 능력이 증진될 수 있다. 또한, 명상을 통해서 창의적인 아이디어를 브레인스토밍(brainstorming)하는 창의성도 향상시킬 수 있다.

열한 번째, 명상을 하면 공격성이 감소하고 불안감이나 공포심도 줄어든다. 즉, 일반적으로 심각한 스트레스 상태나 공포 상태에 부딪혔을 경우 우측 전두엽과 편도체가 과도한 흥분 상태를 보이기 때문에, 명상을 통해서 좌측 전두엽을 활성화시키고 편도체의 활동을 낮출 수 있다.

열두번째, 명상을 통해 집착에서 벗어나고 타인을 사랑하고 용서하는 너그러운 마음을 갖게 된다. 명상을 하면 자신의 감정을 정화하는 용서 상태를 만들고 과거의 상처나 고통을 치유함으로써 타인에 대한 자비심까지 가질 수 있다.

열세번째, 명상을 하면 과거에 별로 관심을 두지 않았던 일들에 관심을 두게 되어 자신과 타인에 대한 알아차림 능력을 기를 수 있다. 즉, 명상을 통해서 자신이나 남들의 마음에 대한 이해 능력이나 알아차림 능력을 향상시킬 수 있다.

열네번째, 명상을 통해서 영적인 깨달음을 추구할 수 있기 때문에, 자신의 존재 이유 즉, 삶의 목적을 발견하는데 도움을 줄 수 있다. 따라서, 명상을 하면 의미있고 가치있는 일에 좀 더 헌신적으로 봉사하는 인생의 목표를 설계할 수 있다.

05 명상과 뇌과학

동일한 연령대에 통찰명상을 수련한 사람들의 두뇌와 일반인의 두뇌를 MRI 분석한 결과, 통찰명상을 수련한 사람들은 일반인에 비해 뇌도(insula), 감각피질, 전두피질 등이 더 두꺼워서 40~50대 통찰명상 수련가가 20~30대 일반인과 비슷하게 나타났다(Lazar, et al, 2005). 이는 오랫동안 명상을 지속적으로 하면 뇌의 활동 양상이 달라지고, 명상수행자의 뇌 구조 자체에 변화가 일어났음을 의미한다. 명상 수행자와 일반인의 두뇌 차이가 많이 나는 부분이 [그림 21]과 같이 표시되어 있다.

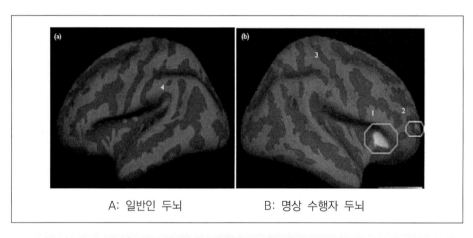

A: 일반인 두뇌   B: 명상 수행자 두뇌

[그림 21] 일반인과 명상 수행자의 두뇌 차이

또한, 명상을 수련한 시간이 길수록 좌측 측두엽과 뇌도(insula)의 회백질의 밀도가 높게 나타났을 뿐만 아니라, 좌측 해마의 회백질의 밀도도 높게 나타났다(Hölzel et al, 2007; 2011). 이러한 결과를 통해 장기적인 명상 수련은 뇌도(insula), 감각피질, 전두피질, 해마 등 뇌 구조물의 자연적 퇴화 및 노화를 억제할 수 있다는 것을 알 수 있다(김완석, 2016).

인간은 자신의 내부에 주의를 집중하면 뇌의 '디폴트모드네트워크(default mode network)'가 활성화되고, 외부에 주의를 집중하게되면 '실행 연결망(executive network)'이 활성화된다(Maron—Katz, et al, 2014). 명상을 통해 주의집중을 하는데 방해가 되는 요소인 잡념은 디폴트모드네트워크(default mode network)의 활성화와 매우 밀접한 관계가 있다(Christoff et al, 2011).

명상 수련하는 사람은 디폴트모드네트워크(default mode network)의 주요 영역에서의 활동이 감소할 뿐만 아니라, 후방대상피질과 배측전방대상피질(dorsal ACC), 배외측전전두엽 간 연결을 강화시킴으로써(Grant et al., 2011; Xue, Tang, & Posner, 2011; Brewer et al., 2011) 인지 기능은 향상되는 반면에, 잡념은 감소하는 것으로 나타났다. 이와 반대로, 배측전방대상피질은 집중 명상을 하는 동안에 뚜렷하게 활성화되고(Hölzel et al., 2007; Tang et al., 2009). 두께도 증가시킴으로써 (Grant, Courtemanche, duerden, Duncan, & Rainville, 2010) 실행 연결망의 효율성과 통합성을 향상시키는 것으로 나타났다(Tang, Lu, Fan, Yang, & Posner, 2012). 이는 명상을 통해서 부정적인 감정은 감소시키고(Jha, Stanley, Kiyonaga, Wong, & Gelfand, 2010), 긍정적인 감정은 증가시키는 것은 물론, 산만하고 잡다한 생각과 행동들을 줄여준다고 보고한 Feldman 등(2010)의 연구 결과와 일치한다.

특히 명상이 두뇌의 구조와 기능에 미치는 영향을 분석하기 위해 fMRI를 분석한 결과, 전전두피질(prefrontal cortex, PFC), 전측대상피질(anterior cingulate cortex, ACC)의 활동을 증가시켜 장기적인 명상을 통해 주의조절과 관련된 두뇌 영역의 활성화가 나타났다(Chiesa, Calati, & Serretti, 2011; Hölzel et al, 2007).

한편, 우울한 사람의 두뇌는 우뇌의 전두엽 활성화가 좌뇌의 전두엽 활성화보다 큰 것으로 나타나(Vuga et al, 2006; Henriques & Davidson, 1991; Gotlib, 1998; Henriques et al, 1997) 상대적으로 우뇌보다 좌뇌의 전두엽 활성화가 감소한다는 것을 알 수 있다. 이러한 연구 결과는 좌뇌의 전두엽 활성화는 긍정적인 적극적인 감정과 관련되는 반면에, 우뇌의 전두엽 활성화는 부정적이고 소극적인 감정과 관련되는 것으로 보고한 Davidon과 Irwin(1993)의 연구 결과와 일맥상통한다.

그런데, 장기적으로 자비명상을 수련한 명상가들은 좌측 전전두피질의 활동이 우측에 비해 우세하게 나타나고(Davidson, 2002), 2개월 정도 명상을 수련한 일반인들에게도 나타났다(Davidson et al, 2003). 이는 명상이 내적주의 네트워크의 활성화를 통해 외적 대상이나 부적절한 정신 과정에 대한 주의와 관련된 네트워크 활동을 억제하는 동시에 정적 정서를 일으키는 좌측 전두엽의 활성화를 촉발한 것으로 설명할 수 있다(Lubia, 2009).

전전두피질과 변연계의 활성과 조화의 이상 등 전두엽과 변연계의 정보 교환 이상으로 우울 장애가 발생한다는 연구 결과(Anand et al, 2005; Brody et al, 2001)가 있다. 변연계의 편도체는 자극에 대한 정서적 및 신체적 반응을 조절하는 정거장과 같은 역할을 수행하는데(추정숙·이승환·정영조, 2008), 편도체에 이상이 생기면 인간의 목소리나 얼굴 표정에서 두려움과 분노의 감정을 구분하는 능력을 잃게 될 수 있다(Benjamin & Virginia, 2007). 이 외에도 시상하부－뇌하수체－부신(HPA)축 사이의 비정상적인 상호작용으로 인해 부신에서 코티즐의 분비가 증가시키고 해마를 손상시켜 우울 장애를 경험할 수 있다(Deuschle et al, 1997).

그러나, 마음챙김 수준이 높은 집단은 명상을 하는 동안에 전전두피질의 활동이 증가하는 반면에, 편도체의 활동이 감소하여 전전두피질과 편도체 활성화의 역상관이 마음챙김 수준이 낮은 집단에 비해 높게 나타났다(Creswell, Way, Eisenberger et al, 2007). 또한, 자비 명상을 오래 수련한 사람들은 명상을 하는 동안에 전전두피질에서 변연계로 연결되는 신경계의 활동이 증가하였다(Lutz, brefczynski－Lewis, Johnstone et al, 2004). 이러한 결과는 명상을 통해 부적 정서 경험과 관련된 변연계의 활동에 대한 전전두피질의 조절력을 향상시킴으로써 정서조절의 효과가 있다는 것을 알 수 있다.

또한, Creswell 등(2007)은 마음챙김 정도가 높은 사람은 전전두엽이 더 활성화되고, 자신이 느끼는 감정에 이름을 붙일 때 편도체(amygdala)의 활동이 감소하는 경향이 있다고 보고하였다. 최근 연구에서도 이런 연구 결과를 확인시켜주고 있는데, 8주간 마음챙김 명상을 하고 나면 편도체가 수축하는(shrinking) 현상이 발생하게 되며, 이는 편도체의 가소성 및 적응력과 관련이 있다고 한다. 동시에 객관적으로 관찰이 가능한 뇌 구조의 변화와 스트레스의 주관적 인식 사이에 비례하는 관계가 있으며, 명상 수련자들이 스트레스를 덜 받게 되면서 스트레스에 더 잘 대처하게 된다는 것이다. 이러한 연구 결과들은 명상을 통해 회복한 마음챙김 능력이 감정과 정서를 조절하는 신경 경로에 긍정적인 효과를 가져다준다는 것을 확인시켜준다.

뇌파진동 명상 수련자와 뇌파진동 명상 비수련자의 두뇌 구조적 차이를 분석한 결과, 측전전두엽, 내측전전두엽, 측두부 영역에서 더 두꺼운 피질두께가 나타났다(Kang et al, 2013). 이러한 피질들은 감정 조절과 관련된 영역으로서 뇌파진동 명상을 통해서 감정 조절의 효과가 있다는 것을 알 수 있다. 또한, Newberg와

Iversen(2003)는 명상 시에 일어나는 신경생리학적 패턴의 변화는 인지, 감각, 지각, 정서 변화의 중요한 지표와 관련된 피질 구조와 호르몬, 자율 반응, 뇌와 관련된 내분비 호르몬과 자율신경 활동의 영향으로 발생한다고 밝혔다.

이 외에도 자비 명상을 실시하기 전에 고통 받고 있는 사람의 동영상 시청 후, 부정적인 정서가 증가하였고, 전방 뇌섬염과 전방대상피질의 활동이 증가하였지만, 자비 명상을 실시한 후에는 긍정적 정서와 관련이 있다고 알려져 있는 복내측 전전두엽과 창백핵, 미상핵(putaman), 복측피개 영역이 활성화되는 것으로 나타났다(Klimecki et al., 2012). 또한, 공감 훈련과 자비 명상을 병행한 집단은 긍정적 정서와 관련이 있는 복내측 전전두엽과 복측 선조체의 활동이 증가하였고, 오히려 부정적 정서는 감소하였다(Klimecki et al., 2013). 이는 타인의 고통을 인식할 경우, 자비 명상을 통해서 긍정적 정서는 유발시키고, 부정적 정서는 감소시킴으로써 이타적 행동을 유도할 수 있다는 것을 알 수 있다.

또한, 자비 명상 전과 후에 고통 받는 사람들의 사진들을 보여준 후, 자비 명상을 실시한 집단은 배외측 전전두엽과 중격핵 사이의 연결이 증가함으로써 이타적 행동을 유발하는 것으로 나타났다(Weng et al., 2013). 이러한 결과는 1일 짧은 명상 수련을 실시한 후에도 긍정적 정서와 친사회적이고 이타적 행동이 증가한 결과와도 일치한다(Leiberg, Klimecki, Singer, 2011).

한편, 주의집중력을 담당하는 뇌의 중추는 전전두엽로 성격 형성이나 계획, 판단, 행동, 학습, 자기조절 등과 같은 인지 기능과도 밀접한 관련이 있다(Puves et al, 2008). 이러한 전전두엽은 아동기에서 청소년기까지 지속적으로 발달하기 때문에, 주의집중력을 향상시키는데 많은 영향을 미친다는 것을 알 수 있다. 이와 더불어, 주의집중력은 노인에게도 매우 중요한데, 일반적으로 노화에 따라 뇌가 수축되기 때문에 인지 기능은 저하되는 현상이 발생한다. 이러한 노인들의 뇌 수축에 따른 인지 저하 현상을 명상을 통해 억제할 수 있다는 연구 결과들도 발표되었다(Gard, Hölzel & Lazar, 2014; Luders, 2014). 또한, 명상은 주의집중 능력을 향상시키고 전전두엽의 회색질을 증가시키기 때문에(Lazar et al., 2005), 노인의 주의집중력 향상을 통해 전전두엽 활성화, 긍정적인 뇌 구조 변화, 노화에 따른 인지 기능 저하 및 뇌 수축으로 인한 치매 예방 효과를 기대할 수 있다.

한편, 뇌파는 뇌 활동의 지표 혹은 뇌 세포의 커뮤니케이션 상태를 나타낸다(박만상·윤종수, 1999). 뇌파(Brain waves)는 뇌에서 발생하는 0.1~80Hz에 걸친

넓은 저주파 영역을 포함한 작은 파동 현상으로 두피로부터 대뇌피질의 신경세포군에서 발생한 미세한 전기적 파동을 체외로 도출하고 이를 증폭해서 전위를 종축으로 하고 시간을 횡축으로 해서 기록한 것이다(김대식·최창욱, 2001).

또한, 뇌파는 뇌 세포 간에 정보를 교환할 때 발생하는 전기적 신호로 뇌전도(electro encephalogram: EEG)라고도 하는데, 뇌의 활동 상태와 활성 상태를 보여주는 중요한 정보를 가지고 있으며, 의식 상태와 정신 활동에 따라 변하는 특정한 패턴이 있다. 뇌파에 의해 연구되어 온 자발뇌파는 일반적 생리현상에서 감각 등 뇌 활동으로 나타나며, 유발뇌파는 뇌 활동 상태를 알아보기 위해 인위적으로 뇌 활동을 유도하여 관찰할 수 있다.

일반적으로 뇌파는 주파수 대역에 따라 델타파(δ, 0.5~4Hz), 세타파(θ, 4~8Hz), 알파파(α, 8~13Hz), 베타파(β, 13~30Hz), 감마파(γ, 30~50Hz)로 분류되며, 베타파를 SMR파(12~15Hz, 낮은 베타파), M−베타파(15~20Hz, 중간 베타파), H−베타파(20~30Hz, 높은 베타파)로 세분화하여 연구하였다. 또한 알파파를 기준으로 해서 8Hz 미만을 서파(slow wave), 13Hz이상을 속파(fast wave)라고 구분한다(윤종수, 1999). 인간의 뇌파는 신체적 또는 정신적 자극에 의해서 긴장도가 높아지면 β파 상태가 되고 이완이 되며 α파 출현이 많아지면서 얕은 수면 시와 숙면 시에는 θ파와 δ파가 출현하는 것으로 알려져 있다(김대식·최장욱, 2001).

한편, 뇌파의 종류와 특성을 분류하면 <표 27>과 같이 정리할 수 있다(김대식·최창욱, 2001; 장현갑, 2013).

❷ 〈표 27〉 뇌파의 종류와 특징

뇌파종류	파장대	의식 상태	특징
델타(δ)파	0~4Hz	깊은 수면 상태 뇌 이상 상태	• 숙면
세타(θ)파	4~8Hz	수면 상태	• 깊은 통찰력 경험 • 창의적 생각 • 문제해결력 • 명상 상태
알파(α)파	8~13Hz	이완 및 휴식 상태	• 느리고 규칙적인 리듬
SMR	13~15Hz	주의 집중 상태	• 학습 준비

뇌파종류	파장대	의식 상태	특징
베타(β)파	15~30Hz	활동 상태	• 학습 상태 • 문제해결 과정 • 생각이나 걱정이 많은 경우
감마(γ)파	30~50Hz	긴장, 흥분 상태, 스트레스 상태	• 장기간 명상 수련자

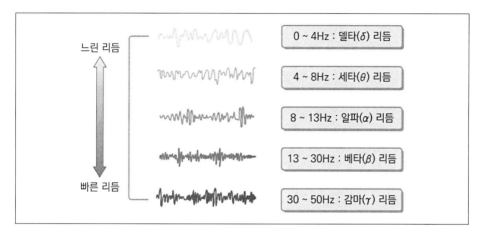

[그림 22] 뇌파의 종류 및 파형

특히 명상 수련은 마음 안정된 상태에서 나타나는 알파파와 각성과 수면의 경계 상태에서 나타나는 세타파를 증가시키는 것으로 나타났다(Chiesa et al, 2001). 이러한 알파파와 세타파의 증가는 내적 경험에 대한 주의 집중을 유지하는 집중 명상을 수행한 사람들에게 공통적으로 발견되는 현상이다(Chan & Polich, 2006).

한편, 명상을 하는 동안 좌측 전두엽 영역의 세타파 활성화는 통찰 경험과 창의적 사고와 관계가 있는데, 명상을 통해서 어떤 통찰이나 직관적 깨달음을 경험했다는 것을 시사한다(Benson & Proctor, 2004). 이렇게 명상하는 도중에 갑자기 통찰이 오는 브레이크 아웃(break out) 현상은 뇌에서 발생하는 일산화질소(NO)라는 기체성 화학물질의 발생과 밀접한 관련이 있다.

또한, 자비 명상을 실시한 티베트 스님들의 두뇌를 분석한 결과, 자비 명상을 실시하는 동안뿐만 아니라, 자비 명상을 하지 않고 휴식 상태에서도 감마파가 많이 출현하였다(Lutz & Greischar et al, 2004). 원래 감마파는 집중 명상을 할 때 나타나는 알파파나 세타파와 달리, 높은 수준의 인지 활동과 정서 처리를 반영하는 뇌파(Rennie et al, 2000)이기 때문에, 자비 명상이 타인에 대한 연민과 관련된 정서 활동과 타인을 돕기 위한 방법을 모색한 인지 활동을 반영한 결과라고 볼 수 있다(김정호·김완석, 2013).

지금까지 살펴본 바와 같이, 명상의 유형에 따라서 출현하는 뇌파의 종류도 다르게 나타날 수 있다(<표 28> 참조)

✔ 〈표 28〉 명상 유형별 뇌파의 종류

구분	특징	출현 뇌파
집중 명상	• 안정, 휴식, 준비 상태	• 알파(α)파, SMR
통찰 명상	• 창의성, 지혜, 문제해결력	• 세타(θ)파
자비 명상	• 이타심, 공감, 고도 인지	• 감마(γ)파

06 명상 실습

명상의 효과를 극대화하기 위해서는 명상을 하기 위한 마음 자세가 매우 중요하다. 명상을 온전히 경험하고자 한다면 잠시 자신의 판단은 내려놓고 그저 현상을 있는 그대로 알아차림하는 습관부터 가져야 한다. 명상 실습에 임하는 마음 자세를 살펴보면 다음과 같다(권수련, 2018; 김윤탁, 2018; 장현갑, 2013).

첫째, 명상을 통해 경험하는 모든 것은 전혀 버릴 것이 없고 그 자체로 온전한 가치를 가지기 때문에, 명상을 성취나 향상의 개념으로 볼 필요가 없다. 즉, 명상하려는 의도를 내려놓고 그저 있는 그대로 명상의 대상을 바라보고 알아차리다 보면 어느 순간에 현상에 대한 보편성을 꿰뚫는 지혜가 드러날 것이다.

둘째, 긴 시간 명상을 하지 않더라도 10분 정도의 짧은 명상으로도 명상의 효과가 나타날 수 있다는 신념을 가지고 자투리 시간이나 조용한 휴식 시간을 명상의 시간으로 활용하려는 마음가짐이 필요하다.

셋째, 명상을 통해서 너무 많은 변화를 기대하거나 단기간의 짧은 시간을 통한 명상의 효과를 기대해서는 안 된다. 즉, 매일 자신에게 주는 '선물'의 하나로서 명상의 인식을 바꾸려는 태도는 물론, 명상의 효과를 기다리면서 인내하는 마음가짐도 필요하다.

넷째, 바쁜 일상생활 속에서도 명상을 하지 못하는 핑계를 대기보다는 매일 규칙적으로 명상을 실천하려는 마음가짐을 가져야 한다. 이러한 규칙적인 명상을 통해 바쁜 생활 속에서 지친 몸과 마음을 이완된 편안한 상태로 만들어 줄 수 있다.

다섯째, 명상은 나 자신과의 경쟁, 타인과의 경쟁하려는 마음으로는 명상의 효과를 거둘 수 없고 자꾸 경쟁심을 부추기면 오히려 몸과 마음이 긴장될 수 있다.

여섯째, 명상 초보자가 스트레스를 받은 상태에서 명상을 하게 되면 오히려 마음이 흔들려 안정을 취할 수 없기 때문에, 스트레스가 낮은 상태에서 명상을 시작하도록 추천해야 한다.

일곱째, 명상을 하기 전에 특정한 기대나 목표를 가지고 명상을 시작해서는 안 된다. 특정한 기대나 목표를 가지고 명상을 하면 마음이 방황이 심해지고 오히려 마음의 안정이 되지 못하는 등 역효과가 나타날 수 있기 때문에 주의할 필요가 있다.

여덟째, 오랜 기간 동안 명상을 실천한 전문가는 타인에 대한 비판을 삼가고 보다 수용적이고 관용적이며 겸손한 태도를 가져야 한다.

아홉째, 명상은 지금 이 순간을 충실히 알아차림 하고 살아가는 마음 훈련이기 때문에, 명상하는 과정에서 명상의 진행 단계를 분석적으로 바라보아서는 안 된다. 너무 지나치게 분석적으로 명상을 하게 되면 무언가를 생각하고 있다거나 의식의 초점을 놓치기 쉽기 때문에, 지금 내 마음 속에 생각이 일어나고 있다는 것을 그냥 인정하고 이 생각들에 사로잡혀 가지 말고 저절로 사라지게 내버려 두어야 한다.

끝으로, 명상을 통해서만 현상의 본질을 꿰뚫는 지혜가 있는 깨달음을 얻는 것이 아니라는 것을 인식해야 한다. 즉, 전혀 앉아서 명상을 하지 않더라도 다른 방법으로도 현상의 본질을 꿰뚫는 지혜를 얻어서 깨달을 수 있다는 것을 명심해야 한다.

한편, 명상의 효과를 극대화하기 위해서는 명상을 하기 위한 몸 자세가 매우 중요하다. 이러한 명상의 몸 자세는 크게 선 자세, 앉은 자세, 누운 자세 등

<표 29>와 같이 구분할 수 있다(권수련, 2018).

❷ 〈표 29〉 명상을 위한 몸 자세

구분	특징
선 자세	• 자세를 유지하기 어렵고 에너지 소모가 많음 • 근골격에 상당한 부담을 줄 수 있기 때문에, 알아차림과 집중에 방해가 될 수 있음 • 행선(行禪) 또는 경행(徑行): 걷기 명상
누운 자세	• 자세를 유지하기 쉽고 에너지 소모가 적음 • 쉽게 잠들거나 알아차림을 놓치기 쉬움 • 안락함 자체의 감각을 즐길 위험에 빠질 수 있음 • 와선(臥禪): 맨바닥이나 얇은 매트 활용 • 체력 소모가 적음 • 명상 초보자, 집중력 약한 사람, 몸이 경직된 사람, 환자 등 • 무릎을 세우고 무릎 사이에 주먹 하나가 들어갈 정도의 공간 유지한 채 양손을 배에 얹어 무릎과 팔 모양 유지
앉은 자세	• 선 자세와 누운 자세의 단점 보완 • 너무 안락하지도 않고 너무 불편하지도 않은 적절한 자세 • 척추가 중립인 상태에서 머리가 몸통 중심에 놓여있는 상태 • 좌선(坐禪): 평좌, 결과부좌, 반가부좌, 의자에 앉은 자세 등

특히 좌선은 다시, 평좌, 결가부좌, 반가부좌, 의자에 앉은 자세 등으로 <표 30>과 같이 구분할 수 있다. 좌선을 할 때에는 지속적으로 앉아서 명상을 하기 때문에, 골반 변형이 오기 쉬우므로 주기적으로 다리 위치를 앞뒤나 위아래로 바꾸어 줄 필요가 있다. 또한, 좌선은 척추가 수직인 상태가 가장 안정적이고 에너지 효율이 높기 때문에, 엉덩이 밑에 매트나 쿠션을 깔거나 무릎 밑에 매트를 깔아주면 척추 자세를 수직으로 유지할 수 있고 혈액순환 개선에도 효과적이다. 이 외에도 특정한 좌선을 고집하기 보다는 자신의 몸에 가장 적합한 자세 즉, 가장 편안하게 느껴지는 자세가 가장 좋은 자세가 될 수 있다.

◆ 〈표 30〉 좌선의 유형

구분	특징
평좌	• 양쪽 발등이 둘다 바닥에 닿게 앉는 자세 • 몸 안쪽 발뒤꿈치는 회음부 부위에 닿게 앉음 • 어느 발을 앞으로 할지는 자신의 취향대로 함
결가부좌	• 앉은 자세에서 한쪽 다리를 구부려 반대쪽 허벅지 깊숙이 올리고 반대 쪽 다리를 그 위에 올려놓음 • 오른발은 왼쪽 허벅지 위에 올리고 왼발은 오른쪽 허벅지 위에 올리는 자세 • 몸은 마치 잘 맞은 퍼즐처럼 짜임새가 공고해지는 느낌이 들면서 몸과 마음이 편안해져 명상하기에 가장 좋은 자세 • 명상 전문가에게 효과적 • 붓다의 명상 자세: 여래좌, 불좌
반가부좌	• 앉은 자세에서 왼발 뒤꿈치를 회음부 부위로 가져다 놓고 오른발을 들 어 왼쪽 허벅지 위에 올림 • 한쪽 발만 다른 쪽 허벅지 위에 올려놓는 자세 • 명상 초보자에게 효과적 • 골반 변형이 생기기 쉽고 눌린 다리가 저리기 쉬움
무릎 끓고 앉는 자세	• 발목이나 무릎에 과도한 자극이 가해져 통증 및 긴장이 심할 수 있음 • 엉덩이 밑에 블록이나 쿠션을 깔고 앉음
의자에 앉은 자세	• 골반이 경직된 사람에게 효과적 • 등받이가 없는 의자에 앉거나 등받이에 등을 기대지 않음

가. 명상 공간

명상을 수행하기에 가장 이상적인 환경은 명상만을 위한 특별한 공간이나 방을 마련하는 것이다. 이러한 공간은 눈을 뜨거나 빛이 밝으면 시각적 자극이 강해져서 의식이 외부 대상으로 향할 가능성이 매우 커지기 때문에, 약간 조도가 낮은 조명을 사용하는 것이 효과적이다(권수련, 2018).

특히 명상 초보자는 편안하고 이완감을 불러낼 수 있는 조용한 장소를 선정하는 것이 가장 이상적이다. 예를 들면 도서관, 차나 버스 등 실내에서 규칙적으로 명상을 할 수 있으면서도 방해를 받지 않는 조용한 장소를 정하면 된다(김윤탁, 2018). 이 외에도 공원 벤치, 숲속 나무 밑, 호숫가 둑 등 산책로 주변에 있는 조용한 장소에서도 명상을 하면 효과적이다(장현갑, 2013).

또한, 너무 춥거나 더우면 명상에 방해가 되기 때문에, 자신의 신체 상태에 적합한 온도를 선택하는 것이 효과적이다(권수련, 2018). 이와 더불어, 명상을 할 때에는 청바지, 쫄바지 등 몸에 꽉끼는 옷을 입기 보다는 가능한 몸을 너무 압박하지 않는 헐렁한 옷을 입는 것이 좋다(장현갑, 2013).

이 외에도 각종 냄새 등 오감을 자극하는 요소들이 덜한 환경이나 장소를 선정하여 집중력이 부족한 사람이나 소리에 예민한 사람도 명상을 할 수 있는 조용한 환경을 선정하는 것이 좋다(권수련, 2018).

한편, 명상의 방해가 되는 공간을 최소화하기 위해서는 명상을 할 때, '핸드폰 전원을 끄세요', 'TV나 라디오 소리를 줄여주세요', '문을 닫아주세요' 등 명상중, '방해하지 마시오'와 같은 팻말을 방문 앞에 걸어 둘 필요가 있다(김윤탁, 2018).

나. 명상 시간

자신의 명상 시간을 하루 일과 시간 중에서 별도로 지정해 두고 고정적으로 실시해야만 명상을 하는 동안 주변인에게 방해를 받지 않을 수 있다(장현갑, 2013).

대체로 이른 새벽에 신체 에너지가 가장 충만하고 정신적으로 맑은 상태이기 때문에, 다른 식구가 아직 일어나지 않은 조용한 새벽 시간에 명상을 실시하면 가장 효과적이다(권수련, 2018). 만약 새벽 시간이 불가능하면 가족들이 모두 잠든 저녁 늦은 시간, 잠자리 들기 전 등 자신의 신체리듬을 고려해서 가장 편안한 시간에 명상을 할 수도 있다.

특히 명상을 시작한지 12분 후에 체온, 호흡, 심장박동률, 혈압 등 생리적 지표가 이상적인 상태로 들어가기 때문에, 명상은 하루에 최소한 15분 이상 실시하는 것이 효과적이다(장현갑, 2013).

무엇보다도 자신이 명상을 통한 알아차림이나 집중이 잘 되었던 공간과 시간을 기억해 둘 필요가 있다. 다양한 시간대에 명상을 해본 후, 가장 편안한 시간대를 선택하고 조명, 온도, 냄새 등 공간의 분위기도 가장 편안함을 느끼는 조건으로 선택할 필요가 있다(권수련, 2018).

결론적으로 말하자면 특정한 장소에서 명상의 긍정적인 진동을 느낄 수 있기 때문에, 명상 초보자는 같은 장소와 같은 시간에서 규칙적이고 주기적으로 명상을 실시함으로써 깊은 명상을 할 수 있다(김윤탁, 2018).

07 명상 기초 기능

가. 호흡

호흡을 통한 혈액과 산소의 공급 변화에 인간의 두뇌는 매우 민감하다. 즉, 인간의 뇌는 체중의 2%에 불과하지만 심장에서 분출되는 피의 15%를 소비하며, 인간이 호흡하는 산소의 20~25%를 사용하는 신체 부위라 할 수 있다.

특히 호흡에 주의의 초점을 두고 호흡을 하면 스트레스에 효과적으로 대처할 수 있고 몸과 마음의 상태가 편안해질 수 있기 때문에, 효과적인 명상을 하기 위해서는 호흡하는 방법을 배울 필요가 있다.

일반적으로 호흡은 가슴 호흡과 복식 호흡으로 <표 31>과 같이 구분할 수 있다. 사자, 호랑이 등과 같은 맹수는 깊고 느린 복식 호흡을 하지만, 맹수에 쫓기는 토끼, 사슴 등은 계속 불안하고 경계심이 높아 불규칙적이면서 얕고 빠른 가슴호흡을 한다.

✅ 〈표 31〉 호흡의 유형

가슴(흉식) 호흡	복식(횡격막) 호흡
• 늑간근(늑골) 수축흡	• 횡격막 수축
• 빠르고 얕은 호흡	• 깊고 율동적, 규칙적인 호흡
• 가슴이 움직이고 어깨에 긴장을 줌	• 가슴에 무리한 긴장 없음
• 교감신경계를 자극 스트레스 반응	• 부교감신경, 스트레스 해소
• 폐포 30% 활용	• 폐포 80% 활용
• 산소와 이산화탄소 간의 기체 교환 미흡	• 혈액순환이 원활하여 내장 마사지효과
• 피로 유발	

그 중에서도 복식 호흡은 숨을 들이쉬면 횡격막 근육이 수축하여 복부쪽 아래 방향으로 내려가기 때문에 폐 속으로 많은 산소가 들어오게 되지만, 숨을 내쉬면 횡격막 근육이 이완되어 폐쪽 위로 움직이기 때문에 폐에 들어온 공기가 밖으로 배출된다([그림 23] 참조). 좀 더 구체적으로 설명하면 첫 번째로 코로 숨을 최대한 들이마시고 배는 부풀려준다. 두 번째로 숨을 최대한 들이마셨다면 숨을 0.5~1초 정도 숨을 참는다. 세 번째, 입이나 코로 내 몸에 있는 모든 숨을

최대한 길게 내뱉는다.

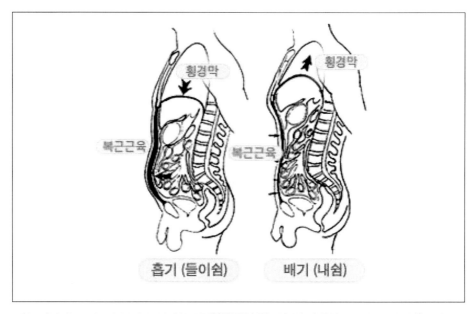

[그림 23] 복식 호흡 방법

복식 호흡을 하면 다음과 같은 장점이 있다. 첫째, 복식 호흡을 하게 되면 긴장을 이완시켜 스트레스로 인한 교감신경의 활동을 완화하여 부교감신경을 활성화시키기 때문에, 자율신경의 불균형을 막고 생체내의 각종 호르몬계를 조정하여 그 조화를 유지할 수 있다. 둘째, 복압의 차이는 내장을 자극해 마사지를 하기 때문에 내장 속에 있는 지방을 연소하기 쉬워질 수 있다. 이렇게 장의 연동운동이 좋아지면 소화액과 호르몬 분비를 원활하게 만들어서 소화와 배변 활동이 활발해진다. 셋째, 횡경막을 크게 부풀리는 과정에서 폐의 움직임도 커져서 산소와 이산화탄소의 교환이 평소보다 더 활발해지고 숨을 깊이 쉬면 그만큼 산소공급이 잘 되기 때문에 뇌기능이 활발해진다. 넷째, 화가 나거나 긴장, 불안, 초조한 감정을 느낄 때는 호흡이 거칠어지기 때문에, 숨을 깊이 들이마셨다가 내쉬는 호흡에 집중하면 부드러운 호흡이 되면서 감정조절의 효과가 있다.

한편, 자신의 호흡 패턴을 스스로 알아본다는 것은 스트레스에 의한 나쁜 영향을 알아차릴 수 있는 1차적 단계이기 때문에, 스트레스에 대한 자신의 신체,

감정, 정신적 반응 등 호흡 패턴을 <표 32>와 같이 확인할 수 있다(장현갑, 2013).

☑ 〈표 32〉 호흡 패턴 확인 방법

호흡 패턴 자가 질문
• 들숨과 날숨의 균형이 이루어지고 있는가?
• 들숨이 날숨보다 더 길거나 짧은가?
• 들숨을 쉴 때 충분한 공기를 들이마시는가?
• 숨을 쉴 때 아랫배가 움직이는가?
• 숨을 쉴 때 가슴이 움직이는가?
• 숨을 쉴 때 아랫배와 가슴이 동시에 움직이는가?

호흡 패턴을 확인하게 되면 복식 호흡은 다음과 같은 순서로 실제 실습할 수 있다(장현갑, 2013). 먼저 편안한 자세로 앉아서 등을 기대고 앉은 채 호흡 패턴을 관찰한다. 둘째, 숨을 쉴때마다 횡격막이 움직이기 때문에, 숨을 들이마실 때 손이 위로 올라갈 것이고 숨을 내쉴 때는 손이 아래로 내려가는 것을 확인한다. 셋째, 호흡을 계속하면서 손이 위로 올라갔다가 아래로 내려가는 것에만 초점을 둔다. 넷째, 앉아서 하는 복식 호흡을 5~10분 동안 연습한다. 다섯째, 가만히 누워서 가벼운 책 한 권을 아랫배 위에 올려놓고 천천히 깊이 들이마시고 내쉬는 호흡을 한다. 다섯째, 호흡과 함께 아랫배에 놓인 책이 위아래로 움직이는지 확인한다. 여섯째, 누워서 하는 복식 호흡을 5~10분 동안 연습한다.

나. 이완

이완(relaxation)은 긴장 수준과 스트레스 수준을 낮추어 스트레스를 극복하는 방법이다. 이러한 이완 훈련의 목적은 스트레스에 의한 부정적인 신체 증상을 줄이거나 방지하고, 스트레스 상황에서 불안과 긴장 수준을 낮추는 것이다. 즉, 긴장을 느끼면 교감신경계가 활동하여 심장 박동이 빨라지고, 숨이 가빠지며, 혈압이 올라가는 반면에 긴장이 줄어들면 부교감신경계가 활동하여 호흡이 느려지고, 심장 박동이 느려지며, 혈압이 낮아진다. 이와 같이 부교감신경의 활동은 교감신경 활동에 의해 긴장된 활동을 안정 상태로 정상화시킬 수 있다([그림 24] 참조).

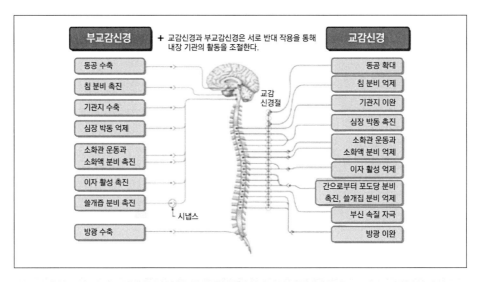

[그림 24] 자율신경계의 유형

특히 이완 기법에는 이완법, 요가, 목욕, 취미생활, 마사지, 자율 훈련, 마음챙김 명상, 호흡법, 심상법, 점진적 근육 이완법 등이 있다. 이완을 위해서는 어떤 방법이든 자신에게 가장 적절한 것을 선택하여 꾸준히 활용하는 것이 중요하다.

이완 방법 중에서 가장 효과적인 방법은 등을 대고 딱딱하거나 나무 침대, 바닥에 누워서 하는 자세가 가장 좋다(김윤탁, 2018). 첫째, 누운 자세에서 자리가 잡히면 깊은 심호흡을 몇 번 실시한다. 둘째, 깊게 호흡하며 발을 쭉 펴고 깊이 들이마시면서 다리를 힘을 주어 쭉 편다. 주먹, 어깨, 발가락 등 모든 근육을 수축시키면서 어떠한 반응이 일어나는지 느낀다. 넷째, 깊은 호흡과 스트레칭을 잠시 멈추고 자신의 감각을 상세히 추적해서 느낀다. 다섯째, 호흡과 스트레칭을 풀고 숨을 내쉬면서 쭉 편 다리의 모든 근육이 풀어지게 한다. 여섯째, 깊은 호흡과 근육 스트레칭 두 가지를 양 팔과 양 다리에 하나씩 번갈아가면서 한다. 일곱째, 호흡과 스트레칭을 느린 동작으로 실시하면서 모든 근육이 선명하게 보인다는 상상을 한다. 여덟째, 자신의 감각을 관찰하고 무슨 일이 일어나는지 철저히 알아차릴 때까지 자세를 유지하고 그 후에 느린 동작을 놓아버린다. 이러한 이완의 시간은 15~30분 정도가 가장 적당하다.

또한, 점진적 이완법(progressive relaxation)은 에드먼드 제이콥슨(Edmund Jacobson)이 개발해 발전시켰다. 처음에는 수술 전 환자들이 보이는 스트레스와 목과 등의 근육 긴장을 줄이기 위해 사용되다가 1950년대 조지프 울페(Joseph Wolpe)에 의해 간략한 형태의 점진적 이완법이 개발되었다(김정호·김선주, 2002). 점진적 근육 이완법의 목적은 두 가지다. 첫째, 긴장감과 이완감을 구분할 수 있도록 하고, 어떤 근육이 긴장하는지를 알게 하는 것이다. 둘째, 모든 근육을 이완시키는 방법을 가르치는 것이다. 점진적이라는 말은 모든 중요한 근육을 한 번에 하나씩 이완시켜 궁극적으로 모든 근육을 이완시킨다는 것을 의미한다(장현갑·강성군, 2003).

특히 점진적 이완은 모든 중요 근육을 이완시키기 위해 사용될 수도 있고, 몇몇 근육만을 이완시키기 위해 사용될 수도 있다. 가령 하루 몇 시간씩 컴퓨터 앞에 앉아 작업하는 사무원은 목이나 어깨가 뻐근해질 때 목과 어깨 근육을 푸는 이완을 할 수도 있다.

근육 이완은 조용하고 편안한 장소에 앉아 목이나 어깨의 근육과 같은 특정 신체 부위의 근육을 이완시키는 방법을 배우면 된다. 호흡 훈련을 함께 실시하면 이완 기간을 점점 더 연장시킬 수 있고 숨을 내쉼과 동시에 근육이 저절로 이완되도록 조건화함으로써 숨을 내쉬는 동시에 모든 근육의 긴장이 낮아지면서 완전한 이완 상태로 들어갈 수 있다. 구체적인 점진적 이완법의 순서와 단계는 <표 33>과 같다.

◑ 〈표 33〉 점진적 이완법 순서 및 단계

구분	특징
준비 (1단계)	• 등이 편한 의자나 소파에 앉거나 침대나 바닥에 눕는다. • 온몸에 힘을 빼고 최대한 편안하게 한다. • 눈을 감는다. • 깊게 숨을 들이마시고 내뱉는 것을 3회 반복한다.
발과 종아리 (2단계)	• 발끝이 얼굴 쪽을 향하도록 당기고 몇 초간 유지했다가 원상태로 돌린다. • 반대로 발끝이 바닥을 향하도록 밀고 몇 초간 유지했다가 원상태로 돌린다.
척추 (3단계)	• 두 발을 모은 상태에서 다리를 쭉 펴고 다리와 무릎 아래가 바닥에 닿도록 아래로 밀어서 몇 초간 머문다. • 반대로 부드럽게 무릎을 들어올리고 다리를 원상태로 돌린다. • 배를 강하게 조여서 몇 초간 유지한 후 원상태로 돌린다. • 엉덩이와 항문을 꽉 오므린 후 몇 초간 유지한 후 원상태로 돌린다. • 양 팔꿈치를 반대편 손으로 잡고 팔을 머리 위로 들어올린다. • 머리를 뒤로 젖히면서 등을 둥글게 말아 들어올려 몇 초간 유지한 후 머리를 바로 하고 등을 펴고 팔을 배 위에 내려놓는다.

구분	특징
어깨 (4단계)	• 어깨를 귀에 닿게 한다는 느낌으로 들어올렸다가 천천히 원상태로 내린다. • 손바닥을 다리에 붙여 가능한 강하게 눌러 몇 초간 유지했다가 원상태로 돌린다.
손과 발 (5단계)	• 양주먹을 꽉 쥐고 몇 초간 유지했다가 원상태로 돌린다. • 양손을 꽉 쥔 채 팔꿈치를 구부려 어깨를 누르고 몇 초 유지했다가 원상태로 되돌린다.
머리와 목 (6단계)	• 어깨를 바닥에 붙이고 고개를 숙여 턱이 가슴에 닿도록 몇 초간 유지하고 머리를 원상태로 돌린다. • 어깨를 바닥에 댄 채 머리를 뒤로 젖혀서 정수리가 바닥에 닿도록 유지했다가 원상태로 돌린다. • 머리를 오른쪽으로 부드럽게 돌려서 오른뺨이 바닥에 닿도록 하고 반대로도 한다.
얼굴 (7단계)	• 얼굴 모양이 일그러지고 이맛살이 찌푸려질 정도로 강하게 찡그린 후 몇 초간 유지했다가 원상태로 돌린다. • 입과 눈을 가능한 크게 벌려 얼굴을 위아래로 늘려 편 후 몇 초간 유지했다가 원상태로 돌린다.

자율 훈련법(auto-genic training)은 훈련자 자신이 자신에게 이완에 관한 언어적 지시를 주어 이완할 수 있도록 하는 방법으로서, 신체가 스스로 균형을 유지하려고 하는 생리적 현상인 항상성 기제(homeostatic mechanism)를 활성화시켜 준다(장현갑·강성군, 2003). 독일의 심리치료학자 요하네스 슐츠(Johannes Schultz)와 그의 제자 루테(Luthe)에 의해 개발되었다. 자율 훈련을 실시하면 말초혈관의 혈행이 좋아지고 근육의 긴장이 줄어 신체가 편안해지고 마음이 진정되면서 이완된다. 명상이 마음을 편안하게 해서 신체에 이완 효과를 가져오는 방법이라면, 자율 훈련은 신체에서 출발해 몸과 마음을 이완시키는 방법이다. 구체적인 자율 훈련법의 절차는 [그림 25]와 같다(김정호·김선주, 2002).

[그림 25] 자율 훈련법 절차

이 외에도 심상 훈련(image training)은 따뜻한 햇볕이 내리쬐는 초원에 편안히 누워 있는 자신을 상상하는 것과 같은, 일종의 백일몽을 스스로 만들어가면서 이완을 시도하는 훈련이다. 이런 상상 속에서 부드러운 초원에 실제로 누워 느낄 수 있는 온갖 아늑한 이완감을 만끽할 수 있다. 심상 훈련을 실시하기에 앞서 3~5분간 이완법을 먼저 실시하고 이 기법으로 들어가는 것이 좋다. 이 훈련이 끝나면 천천히 호흡하면서 자신의 현실세계를 2~3분간 그린 후 깨어나게한다(장현갑·강성군, 2003).

이 QR코드를 스캔하면 「정서심리학」의
참고문헌을 열람할 수 있습니다.

신재한

경북대학교 교육공학 박사
한국교육개발원 연구위원
한국교육과정평가원 교수학습센터 운영위원
교육부 연구사
現 국제뇌교육종합대학원대학교 뇌교육학과
　　　인성교육 전공 교수
　　　인성교육연구원 원장

정서심리학

초판발행	2020년　3월　1일
중판발행	2021년 11월 26일

지은이	신재한
펴낸이	노　현

편　집	조보나
기획/마케팅	오치웅
표지디자인	이미연
제　작	우인도·고철민

펴낸곳	㈜ 피와이메이트
	서울특별시 금천구 가산디지털2로 53 한라시그마밸리 210호(가산동)
	등록　2014. 2. 12. 제2018-000080호
전　화	02)733-6771
f a x	02)736-4818
e-mail	pys@pybook.co.kr
homepage	www.pybook.co.kr
ISBN	979-11-6519-042-2　93180

정　가　　15,000원